这样说话，跟谁都聊得来

一一◎著

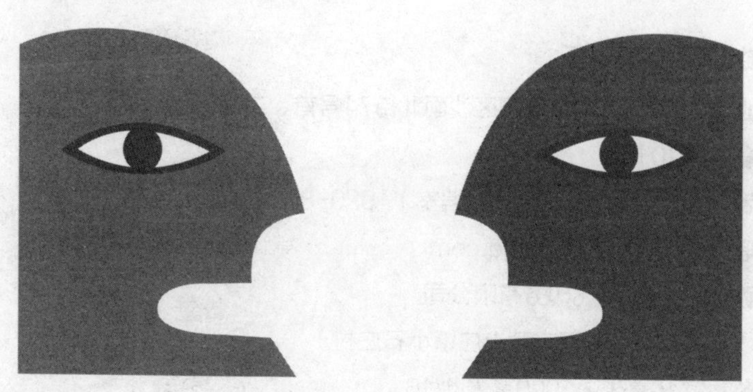

广东旅游出版社
GUANGDONG TRAVEL & TOURISM PRESS
悦读书·悦旅行·悦享人生

中国·广州

图书在版编目（CIP）数据

这样说话，跟谁都聊得来 / 一一著. — 广州：广东旅游出版社，2019.1（2024.8重印）

ISBN 978-7-5570-1638-8

Ⅰ. ①这… Ⅱ. ①一… Ⅲ. ①语言艺术－通俗读物 Ⅳ. ①H019-49

中国版本图书馆CIP数据核字（2018）第300060号

这样说话，跟谁都聊得来

ZHE YANG SHUO HUA，GEN SHUI DOU LIAO DE LAI

出版人 刘志松
责任编辑 何 方
责任技编 冼志良
责任校对 李瑞苑

广东旅游出版社出版发行

地　　址 广东省广州市荔湾区沙面北街71号首、二层
邮　　编 510130
电　　话 020-87347732（总编室） 020-87348887（销售热线）
投稿邮箱 2026542779@qq.com
印　　刷 三河市腾飞印务有限公司
（地址：三河市黄土庄镇小石庄村）
开　　本 710毫米×1000毫米 1/16
印　　张 14
字　　数 168千
版　　次 2019年1月第1版
印　　次 2024年8月第2次印刷
定　　价 58.00元

序言

现代科技的进步让人们的生活更加便利，让人与人之间的沟通交流日益频繁，也正是因为这样，说话的技巧和沟通的方式才充分凸显出其重要性。大到一个国家的政治会晤和商业谈判，小到一次家庭会议和一场男女相亲，都需要我们通过沟通来解决各种问题。而其中最需要的正是各种各样的谈话技巧和方法，若技巧和方法掌握得当，不仅能帮我们省时省力省心，还能帮我们解决很多棘手的问题。

很多人觉得人与人之间的交谈就是一方想要说服另一方的沟通行为，这种观点是错误的。人和人进行交谈，应该是为了理解对方、解决问题和弱化矛盾。有一句话这样说："沟通的根本，在于你愿不愿意放下自己的意见，诚恳地解决问题。很多人说是沟通，实际是想说服对方，这是在找架吵。"只有我们弄懂了沟通的真正含义，才知道如何对症下药，如何取长补短、发挥自己的优势。这样才能在与人的沟通之中如鱼得水、抢占先机。

而良好的沟通方式并不是我们印象中滔滔不绝的说话，也不是我们认为的口若悬河的演讲，它是一种多种元素结合的有机体。在生活中，有的人活泼外向，有的人沉稳内向，这也直接导致了有的人说话豪爽直接，有的人说话含蓄内敛。所以，我们在实际的沟通场景中，并不能用一种同样的方式来应对生活中所有这些不同类型的人。我们说要具体问题具体分析，其实说话也是一样。这就需要我们多掌握几项说话技巧，以备不时之需。

时代越发展，说话的能力就显得越重要。而值得强调的是，良好的说话技巧可以通过说话方式和思维的训练获得。换句话说，提升说话技巧其实也就是在提高一个人的内在修养。我们的个人素质在很大程度上决定了我们的思想高度，而思想高度自然直接关系着我们的语言表达。一个人如果能将自己的想法和思维用语言精确地表达出来，不但能提高其工作效率，还能为其增添个人魅力。这就是我们反复练习说话技巧的必要性，先天不足，后天补上，让自己的内在素养和外在表达同时得到提高。

面对陌生人，面对亲人，面对上司，面对下属，面对心怀善意的好人，面对心怀恶意的坏人；第一次见面，第一次拒绝别人，第一次求助于人；如何让自己不冷场，如何让别人不冷场，以及如何让自己不尴尬，又如何让别人不尴尬。这诸多问题都是我们遇到的最常见的问题，也是让很多人最头疼的问题。我们相信遵循一定的方法，并加以练习，一定可以得到自己想要的结果。

本书遵循“从实践中来，再到实践中去”的原则，选取了一些日常生活中很常见的聊天场景，用一种通俗易懂的方式来进行阐述。与此同时，结合实际案例进行进一步的研究和分析，这样一步步地来引导读者掌握翔实的聊天技巧。书中不仅列举了一些如何与上司沟通、与下属对话、与陌生人交谈等比较常见的问题，还根据不同的场景设计了不同的对话模式，深入浅出，从倾听到观察，从观察到模仿，从模仿到思考，从思考到学习，从学习到掌握，环环相扣，以此来帮助读者构建完整的说话技巧学习体系。

目录

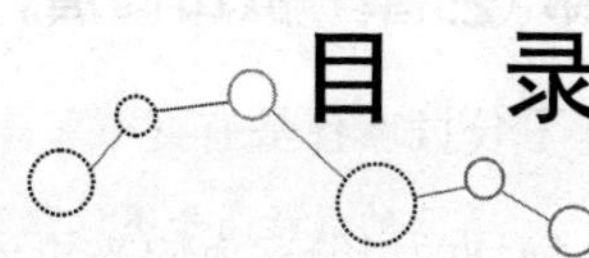

很多人因为说话太直接得罪别人却不自知，还要将这种行为美其名曰："直白"可是这种不经过大脑的直白往往很难让人接受。人际交往本来就是一张很复杂的网，如果因为自己一句不经思考的话让别人对你耿耿于怀，就得不偿失了。所以，说话前一定要三思。

每个人都有想要倾诉自己的时候，即便这样，也不要不分场合地逮着谁都将自己的心事倾吐而出，或者自己一个劲儿地说个没完，完全不给对方空间去表达。把控好自己的表达欲，才能建立一个良性的交谈空间。

面对陌生人，或者关系不太近的朋友和同事，我们大多数人都会遇到冷场的尴尬，怎样去寻找话题，或者怎样让谈话顺利又愉快地进行下去呢？这就需要我们找到对方的兴趣点，而不是盲目地没话找话。通过观察对方的言行举止，来领会其中的深意。

沟通的尺度其实是一门很高深的学问，有时候我们会因为自己表达得太少，从而让自己错失良机；而有时候我们又会因为自己过度的表达而惹来麻烦。怎样避免这种分寸感的缺失呢？这就需要我们多多体会并尊重对方的感受，这是沟通中的一个重要的基础和原则。

现代沟通条件的便利让言语的传达变得更加便捷和快速，而我们的沟通频率也随之而增加。什么样的说话方式让人更加舒服？怎样的表达方式会让自己与他人的沟通更和谐？这些都是现代沟通中不可避免的问题。我们不仅要说好想说的，更要会说想说的，这才是表达和沟通的王道。

第 1 章

避免“尬聊”，学会倾听

所谓“知己知彼，百战不殆”，在平时的沟通聊天中也是如此。我们要想抢占先机，首先就要弄清楚别人在说什么，听懂别人说话的内容以后才能更准确地去表达自己。所以，在交谈中，避免尬聊的最好方法就是学会倾听。

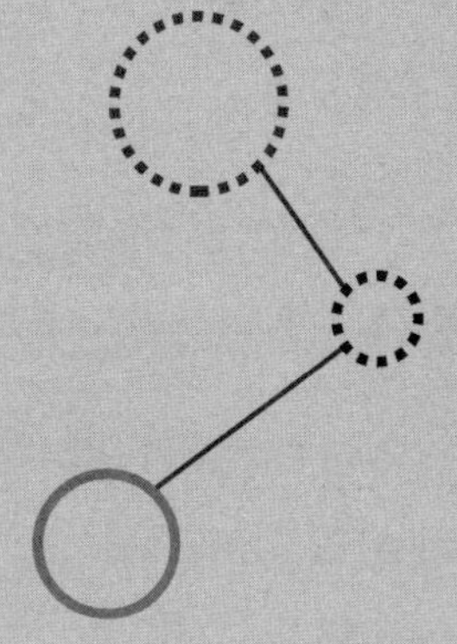

·别着急打断，听听别人怎么说·

培根曾经说过：“打断别人说话或者随便插话的人，比喋喋不休的人更令人讨厌。”我们在生活中肯定也遇到过这种情况：自己的话还没有说完，就被别人用毫不相关的话打断。这不仅让人觉得尴尬，还会让人感到话想说却没说完的难受。

在人与人的交流与沟通中，耐心地听对方把话说完而不去随意打断是一种基本的社交礼仪。很多人在沟通方面做得不够好，并不是因为总是说错话，而是因为不善于倾听，总是不分时机地插话，打断别人说话。想来，不管是谁说话总被打断，心里都会不舒服。

姐姐家的女儿若伊今年上小学四年级，各门学科中成绩最好的是语文，不管是拼音词组还是作文，都深得老师赞赏。好几次开家长会，老师都跟姐姐夸奖若伊，说她在语言文字方面很有天赋。

可是最近，姐姐却发现若伊拿回来的语文试卷一次比一次考得差。她还接到好几个老师的电话，说若伊这一段时间不知怎么搞的，成绩一直在走下坡路，有时候竟然连作业也懒得写完，这是以前从来没有出现过的情况。老师建议姐姐抽出点时间来陪若伊写作业，看看问题究竟出在哪里。

从这之后，姐姐每天下班回家吃过晚饭，就督促若伊写作业，搬把椅子坐在若伊旁边。

这天，正好轮着每周一篇的作文作业。姐姐心想，写作文一直都是女儿的拿手好戏，这对女儿来说应该没有什么难度。可是她在旁边等了好久都不见若伊下笔，若伊总是一副若有所思的样子，时不时还咬一下笔头。

姐姐都等得有点发急了，才见若伊慢悠悠地在作业本写下了几个字，然后笔又停在那里一动不动。过了几分钟，若伊把之前写的那点从作业本上都撕下来，又重新开始写。如此反复，总是写完几句话，拿起来读一读觉得不对劲，然后又重写。

在一旁看着的姐姐有点上火了，作业本都快要撕完了，作文还没写一半。她忍不住问道："下笔之前你不是已经想了很久了吗？你想的内容都去哪儿了？怎么不写下来呢？"

"我写下来的就是刚刚我想到的啊。可是不知道为什么，每次写完再拿起来读的时候就觉得我又想到了一个更好的。就比如我刚刚想这么写……"

若伊的话还没有说完，姐姐的手机突然响了。姐姐一边拿起电话，一边吩咐若伊别说话，她先接个电话。

接完电话后，姐姐让若伊接着刚才的话讲，可若伊抬起头一脸无奈地说自己也不知道要说什么了。

姐姐有点生气地质问若伊："你现在才几岁呀，就已经记性不好了吗？"

没想到，若伊也有点生气地反驳道："谁让你总是在我说话的时候打断我呢？以前你工作不忙的时候还有时间专门陪我说说话，可是现在，你跟我说话的时候总是接电话，还用微信和别人发语音，所以我老是想不起来我要说什么。"

听完若伊的话，姐姐恍然大悟，原来是自己平时这些细节考虑不到位，才让孩子变成现在这个样子。

语言，是上天赋予我们用来表达思维的一种工具。就算是小孩子，也会希望自己的表达不被打断。小孩子的思维本身就是敏捷多变的，一旦被轻易打断，就很难保持流畅。所以不管你是有事情要忙，还是心情不太好，和小孩子说话的时候都要特别注意，不要轻易打断孩子正在说的话，那会让他的思维突然中断，不利于孩子流畅的表述思维的建立，甚至会让孩子产生一种习惯性的思维间歇。

虽然姐姐试图和若伊在交流中互动，但她却没有从若伊的角度出发，认真地听完若伊想要说的话，导致她与孩子之间的沟通不顺畅。大人与小孩之间如此，那大人与大人之间呢？

陈克明在一家大型的专业汽车修理公司工作，专门负责跑客户。最近，他在为一单生意苦恼，明明跑了好几趟，给出的价格也相当优惠，可是对方就是不愿意成交，他不知道问题到底出在哪里。

这天，他又一次来到客户的工厂劝说对方：“秦先生，通过这段时间对工厂的观察，我发现你们的维修成本挺高的，每个月在这上面花费的钱甚至要比全部包给我们做还要高，没错吧？”

秦先生点了点头，并不否认：“我们在这方面的花费确实比预算高了不少，我也承认你们公司的服务相当不错，但我认为，在专业电子方面你们还缺乏……”

“对不起，说到这里我必须插一句，我想为我们公司辩白一下。世界上既没有完美的人，也不存在完美的公司。我们公司尽力为客户提供专业服务，可是专业电子方面的特殊设备和材料都需要一笔数目巨大的投资。”陈克明打断秦先生的话慷慨激昂地说道。

秦先生接着说："嗯，现在的市场的确是这样。不过你可能误会我说的话了，我真正想要表达的意思其实是……"

"我明白，您的意思是说，如果专业设备不齐全的话，再厉害的人也干不好这个活。"陈克明再一次抢着说道。

"这只是一方面，我的意思是说，现在我们工厂负责维修的工人是……"秦先生依然试图向陈克明解释清楚自己想要表达的意思。

"等一下，秦先生，稍等一下，现在您只需要再给我一点时间，我就说一句话，如果您是以为……"陈克明还自顾自地说着。

"对不起，陈先生，我觉得你现在该走了！"秦先生终于忍无可忍，下了逐客令。

陈克明只好灰溜溜地离开，生意当然也没谈成。

陈克明把生意谈崩的原因一目了然，他不止一次地打断客户的话，这种行为是相当粗鲁无礼的。既犯了销售行业话术的大忌，又犯了沟通交流的大忌。

想要把自己的产品或者服务推销出去，就得耐心地了解客户需求。陈克明连客户基本的表达都不愿意听清楚，还三番五次地打断客户，自己却滔滔不绝地说个不停，一点说话的余地都不留给对方，当然会让人讨厌了。

莫里斯曾经说过："要做一个善于辞令的人，只有一种办法，就是学会听人家说话。"会说话的人都是会听别人说话的人，你想要说服别人，就得先听别人说话，而不随意打断别人说话，这既是一种修养，也是一种处世技巧。

表达秘籍

1. 当有人兴高采烈地和你说话的时候，千万不要随意打断，否则不但会让对方兴致全无，场面也会颇为尴尬。

2. 有人向你倾诉某件事情的时候，不要用另一件不相关的事情打断他，否则会让人觉得你不可靠、不值得信赖。

3. 别人在提意见和问题的时候，要耐心地听完，听完后你再发表自己的意见，对方才更愿意听，也更听得进去。

·从语速的快慢来判断说话人的心理·

有一位语言学家曾经说过：“说话是一件最容易的事情，也是一件最难的事情。最容易是因为三岁的小孩也会说话；而最难是因为就算是最擅长辞令的外交家也有说错话的时候。”语言是一种创造性的活动，人们说出来的话也是一种心理和情感的反映，说话语速的快慢缓急更是直接反映了一种心理状态。

比如在人与人交谈的过程中，某个人突然变得支支吾吾、结结巴巴，这是他可能心虚的一种表现；又比如，有人突然放慢了说话的速度，那他可能是想强调什么事情。

所以我们在听别人说话的过程中，不仅要接受内容上的信息，还要学会分辨语速快慢所传达出的不同主题及情感。

小玲是一家公司的电话销售，她的业绩一直名列前茅，每一次季度总结和年终总结，她都会拿到很多奖品和奖金。

最近公司来了一位新员工小迪，正好被分到了小玲所在的二组。为了让小迪在公司快速成长，主管安排小玲以师傅的身份带小迪。刚开始的时候，小迪直接搬来凳子坐在小玲旁边听小玲打电话，偶尔有什么问题，她都会提出来，而小玲也会耐心地为她解答。

一个星期后，小迪开始尝试着自己打电话，她凭借听来的经验，模仿着小玲的语气，在电话里把自己包装得深沉老练，很快就培养了一批意向客户。

可是这些在她看来成交意向都挺高的客户却在好几次跟进后都对她销售的产品失去了兴趣，甚至有好几个都不愿意再接她的电话。

眼看快两个月了一单也没出，小迪有点心焦，主动去找小玲帮忙，请她分析一下哪里出了问题。

小玲调出小迪的电话录音，一段一段认真地听，试图通过这种方式找出问题所在。听完十几段录音后，小玲对小迪说："我大概知道问题出在哪里了，就我们刚刚听的这十几段对话里，虽然你与客户聊得很开心，但有一个地方处理的不是很到位，知道是哪里吗？"

小迪一脸茫然地摇了摇头，表示不知道。

于是小玲继续说道："其实你的表达一点问题也没有，不仅流利地把产品特点讲得很清楚，还很有条理，层层递进，让人很有购买欲望。你缺少的并不是把话说得更好的能力，而是听别人说话的能力。有好几次都是在开始的时候和客户聊得特别愉快，但聊着聊着就聊不下去了，甚至被客户突然挂断电话。知道为什么吗？因为你没有从他们的话里提炼出有用的信息。有一个客户刚开始的时候跟你聊环境问题，你们也聊得很投机。后来你话锋一转，说到公司的净化器，他好像也挺感兴趣，还问了你很多问题。但你每次回答完人家的问题后都会很着急地说一句'那就来一台吧'，而客户每次都快速地一句话带过。这样反复了几次，客户连向你问问题的兴趣都没有了。"

从小玲的分析中不难看出，小迪之所以没出单，跟她会不会说话关系不是很大，主要还是因为她不会听。当客户在电话里快速地一句话带过的时候，就表明此刻他还不想谈其他的，而是想把眼前的问题先弄明白。小迪恰好将客户的这种情绪忽略了，她很着急地想促成这笔交易，所以就反复催促，导致客户不耐烦。

如果小迪能感受到客户越来越快的语气里所包含的不满和厌倦等情绪，耐心地帮客户解决完所有疑问，效果就会好很多。不仅能让电话那端的客户感受到自己的诚意，还给客户留下了考虑和选择的余地。这样即使生意做不成，但对方最起码能感受到对他的尊重，以后真有相关需求的时候，肯定会第一时间想到她。

表达秘籍

1. 一位在平时说话就慢悠悠、不急不赶的人，面对身边人说出的对他的一些影响恶劣的言论的时候，他用比平常快出几倍的语速来进行反驳，就说明那些言论很有可能就是假的。

2. 如果在与别人争论的过程中，面对一方的伶牙俐齿、口若悬河，另一方支支吾吾、说不上话来，很有可能就使他产生了卑怯，对自己失去了信心，又或者是他人的话正好击中要害，让他无力反驳。

·倾听不是听听就行了·

倾听，是达到有效沟通目的的必要组成部分，也是让对话双方的思想和情感达成一致并保持畅通的重要途径。那么听完某个人说的话就是倾听吗？不是的，听觉器官接收到语言信息只是第一步，真正的倾听需要全身心投入，用心去感受和理解对方的语言和非语言信息，听完对方说完话之后的反馈是否到位才是决定谈话质量的关键。

一位女士在一家服装店花大价钱买了一件非常漂亮的衣服，回家后她却发现衣服有点褪色，把她穿在外面的衬衣衣领都染黑了。

她很生气，于是带上衣服返回服装店，将衣服褪色的情况告知营业员。她正准备把事情经过说得更详细一点的时候，营业员却突然打断了她的话：“这件衣服我们卖了很多件了，卖给你的又不是第一件，但我第一次遇到你这么挑剔的人。为什么别人拿回去穿那么久都没事，就你才买回去一天就找上门来了呢？”

营业员用一种很不屑的语气继续说道：“你是不是故意过来找我麻烦的？其实你在撒谎对吧，你的衣领并不是我们的衣服染黑的。这件衣服我们这里还有存货，你不信的话我可以拿几件出来给你看看。”

女士被这番话激怒了，她与营业员在店里激烈地争论起来。这个时候，另一个营业员走过来说：“市面上基本上所有黑色的衣服都会掉颜色，何况这件衣服的价钱在这里，褪点色也不足为奇。”

这下女士更是火冒三丈，第一个营业员直指她不够诚实，而第二个营业员则暗示她买了便宜货，正准备和营业员大吵一架的时候，店经理过来了。

经理来到女士面前了解事情经过，女士十分激动，带着满腔怒火把事情描述了一遍。在此期间，经理只是听着，并不时点点头，从头到尾都没有说一句话。

女士讲完以后，站在一旁的营业员正准备插几句话，经理及时制止了她，还站在客户的角度给她分析了一番，并坦率地向女士承认衣领上的黑色就是穿那件衣服染上的。经理一脸严肃地跟店员强调，顾客能挑出问题的衣服就不要在店里销售，以免影响信誉。

经理的这些举动让女士的情绪明显安定了不少，然后经理继续对女士说：“出现这种褪色的情况目前我也不知道是什么原因，您现在希望我怎么处理这件衣服？只要您提出的要求合理，我们都会照办的。”

女士说：“要是刚才我肯定是想要退货，并要求你们赔偿我的损失。但是现在，我想听听你的建议，看看褪色这种情况是不是暂时的，或者有什么办法可以让褪色减轻一点。我买这件衣服是因为我真的喜欢，如果情况能得到改善，我还是愿意拿回去继续穿。”

于是经理建议女士将这件衣服再穿一个星期试试，如果到时候依然褪色严重不能让人满意的话，可以拿到店里任意换一件她觉得满意的。说完还给女士道歉，说给她添麻烦了。

女士很满意地离开了。按照经理的建议，她将那件衣服又穿了一星期，衣服并没有再掉色。女士对那家店恢复了信任，还将其推荐给了身边的朋友。

本来怒气冲冲想要讨个说法的女士最后心平气和地带着衣服回家了，这正是倾听发挥的作用。第一个营业员生硬地反驳，没让女士把想说的话说出来，而第二个营业员无所谓的态度更是让女士的怒气值暴涨。直到经理出现，一声不响地听女士诉苦，不仅没有打断女士的话，还对她的话给予了肯定，并站在她的角度分析问题、解决问题，才让女士放下心中的芥蒂，接受了最后的建议。

有位学者曾经说过：“在成功的商业交往里，一定要注意倾听对方的话，没有什么会比这更让人开心了。”

周芳芳在一家保险公司做销售，是一个有着多年经验的资深销售。在公司的众多外勤人员中，她的业绩一直都出类拔萃。

一般公司员工见客户的时候，都是拿好几本册子，然后向客户一一说明投保后会带来的各种好处，以及不同险种所保障的范围区间和需要缴纳的费用。但周芳芳与别的销售人员不一样，她很少与客户聊自己专业的东西，一般都是先从客户感兴趣的话题入手，与客户交朋友，聊一些生活中的事情。久而久之，客户也会跟她吐露一些工作上的小烦恼，或者对生活的抱负和理想之类的，她会耐心地倾听，并适当地提出自己的建议。而客户或者他们的朋友想要购买必要的保险时，也都会主动来找周芳芳。

不得不说周芳芳是一个善于倾听的高手，她在倾听的过程中暂时抛开了工作，用真心倾听换来了客户的敞开心扉。

表达秘籍

1. 在聊天过程中要多与对方进行目光交流，可以适当点头表示理解对方所说的话，并用一些语气词给予回应，但不要轻易打断对方。

2. 即使对方正向你提出不同意见，也不要轻易插话，等对方充分表达清楚后再阐明自己的观点，才不会影响交谈的继续进行。

3. 学会控制自己的情绪，即使对方的话让你感到厌烦，也不要轻易表露出来，耐心地听完是一种尊重。

·聆听需要专注·

美国著名解惑专栏作家蓝德丝曾经说过：“当了这么多年专栏作家，我现在才深深了解到，许多人给我写信其实并不是需要我提供什么建议，他们真正需要的，是一个愿意聆听他们的人。”

很多人都以为在人与人的交流之中多说话、多表达才能将心里的想法充分而又清楚地展现出来。但在实际的沟通过程中，大多数人都有一种很强的表达欲，都希望别人能先听自己说，所以我们经常会习惯性地忽略一些别人说的话。

美国一个著名的访谈节目有一次邀请了几个小朋友作为节目嘉宾，主持人林克莱特问其中一个小朋友长大后的梦想是什么。

小朋友天真地回答说：“等我长大后，我要当一名飞行员。”

林克莱特想考考这个可爱的小家伙，便接着问道：“如果有一天，你当上了飞行员，但是你的飞机飞到太平洋上空的时候，所有引擎都熄火了，你会怎么办呢？”

小朋友认真思考了一会儿后对林克莱特说：“我会先让飞机上的所有人系好自己的安全带，然后背上我的降落伞跳出去。”

在场的观众都笑得东倒西歪，林克莱特继续注视着这个孩子，却看到他两行热泪夺眶而出，这让林克莱特发觉这个孩子的悲悯之情绝非笔墨所能形容，于是他又问道：“你为什么要这么做呢？”

这个孩子带着哭腔回答道："我要去拿燃料，我还要回来的！"

这真挚的回答感动了在场的所有观众，他们毫无保留地献上自己最热烈的掌声。

当小朋友说"我会先让飞机上的所有人系好自己的安全带，然后背上我的降落伞跳出去"的时候，观众们几乎都在用自己所谓的经验和价值观判断这个小朋友，如果不是因为林克莱特耐心地继续询问这个小朋友，人们就不会有机会听到"我要去拿燃料，我还要回来的！"这善良又纯真的心语，小朋友天真无邪的心灵也可能会因为观众的嘲笑蒙上阴影。

所以，专注的聆听在沟通中才显得尤为重要。很多时候，人们说出来的话可能会与心里真正的想法存在一点偏差，但我们作为聆听者，要善于挖掘隐藏在这些话语背后的东西。

如果一个人的倾诉得不到身边人的回应，那会是一件相当痛苦的事情。

专注的聆听不仅是一种关爱和理解，更是维系各种关系的润滑剂。每个人都会有需要跟人倾诉和分享的事，他人的聆听给予的理解和赞同十分重要，所以学会专注地聆听就非常有必要。

表达秘籍

1. 放下自己固有的想法和判断，将精力集中在体会对方的想法上，这会让人觉得你是一个可以倾诉的对象。

2. 即使你已经明白了对方的话，也可以尝试通过一些疑问句来给对方反馈，对方可能还在期待得到你的回应。

3. 在对方充分表达他们的请求和感情之前，一定要保持专注，只有专注的聆听才能让对方表达出自己内心深处的感受。

·会听的人才会说·

伏尔泰曾经说过：“耳朵是通向心灵的路。”而跨界沟通专家马克·郭士顿在自己的书中也提到过沟通的两个必要条件：第一就是要闭上嘴巴，睁开眼睛；第二就是张开嘴巴吐出心。

以前有一个实力薄弱的小国派使者去一个大国进贡，使者给国王带来三个一模一样的小金人，国王甚是喜欢，拿在手里把玩个不停。不过使者却给国王出了个难题，他问国王：“您能不能分辨出这三个金人哪个价值最高？”

国王想了很多办法来测量小金人的价值，还请来国内的能工巧匠来做检查，从做工到重量都仔细对比，但三个小金人似乎没有丝毫差别，没法判断哪个金人的价值更高。正当国王一筹莫展的时候，一位大臣毛遂自荐，说有办法分辨出每个金人的价值。

国王赶紧派人叫来使者，让他和自己一起见证揭晓答案的时刻。大臣手里拿着三根稻草，胸有成竹地走进大殿。他拿稻草插入第一个小金人的耳朵里，稻草从小金人另一边的耳朵钻了出来。他又拿稻草插入第二个小金人的耳朵里，稻草从小金人的嘴巴钻了出来。最后，他拿稻草插入第三个小金人的耳朵里，稻草掉进小金人的肚子里，一点声音也没有发出来。

大臣躬身对国王说道：“很明显，第三个小金人是最有价值的。”国王听完他的话，转头看向旁边的使者。使者点点头，表示答案完全正确。

大臣接着解释道：“第一个小金人不懂得倾听，他听到的话都是左耳朵进、右耳朵出。第二个小金人虽然会听，但是他更会说，不能保守秘密。只有第三个小金人，把听到的话放到了心里，由此可以判断出他的价值最高。”

人们渴望别人能仔细倾听自己的诉说，却经常把别人的诉说当耳旁风，这个耳朵进那个耳朵出。渴望别人能保守住自己诉说的秘密，却把别人的秘密泄露出去。

通用公司的一位副总裁曾经说过：“销售员为什么会失去销售机会这个问题我们曾在会议上投票表决过，75% 的人都认为是销售员话说得太多了。”言多众人忘，言少众人记。说了多少话并不重要，重要的是说出来的话别人能记住多少。很多喋喋不休的长篇大论都不会给人留下什么深刻的印象，而一些简单明了的话却被人奉为金玉良言。就像商场的一些推销员一样，如果他们一直夸夸其谈停不下来，顾客可能早就被吓跑了。

有时候人们也喜欢想当然地将别人的话按照自己的习惯进行理解，而且还觉得自己的理解是正确的，就是因为这样，很多倾诉失去了原本的意义。

有两个耳朵很背的人，但他们谁也不愿意承认自己耳背。有一天他们两个正好遇见了，其中一个还扛了一根钓鱼竿准备去钓鱼。

没有拿钓鱼竿的问道：“哟，您这是要去哪里钓鱼呀？”

“不是，我是要去钓鱼啊。”拿着钓鱼竿的人说。

“哦，我还以为您要去钓鱼呢！原来不是啊。”那个没拿钓鱼竿的人又说道。

虽然这只是一个小笑话，但却让人不得不反思一些问题。倾听的过程就是一个以心换心、将心比心的过程。很多人在交谈的过程中把自己的角色弄反了，把自己倾听者的身份变成了倾诉者，而且还会转移话题，将话题的焦点转移到自己身上，对自己的事情大谈特谈。这使得倾听失去了原本的味道，只有感受到了别人的感受，才不至于让别人的倾诉变成独角戏。

表达秘籍

1. 水深则流缓，语迟则人贵。

2. 对正在向你诉说的人，要给予足够的爱心和耐心，以心换心，才能成为一个值得别人信任的人。

·谢谢你愿意听我说·

美国心理学家斯坦纳提出的斯坦纳定理认为：在哪里说得越少，在哪里听到的就越多。只有很好听取别人的，才能更好说出自己的。说得过多了，说的就会成为做的障碍。著名人际关系学家卡耐基也曾经说过："专心听别人讲话，是我们所能给予别人的一种最大的赞美，也是赢得别人欢迎的最佳途径。"

每个人都需要听众，很多人没办法给别人留下好印象，是因为他们只关心自己想要说什么，从来不注意听别人的谈话。

美国有一家电话公司，一直信誉良好，在顾客中的口碑极好，但却碰到了一位很难应付的顾客。这位顾客对电话公司的服务质量不够满意，毫无顾忌地对工作人员破口大骂，还愤怒地威胁说要把电话公司的电话都拆掉，他说电话公司的缴费制度极其不合理，一点也不公平，所以他不但拒绝支付通话费用，还写信给报社和消费者协会，跟媒体说电话公司的坏话。

电话公司派公司员工去跟他谈判，劝他不要这样没完没了地闹。尽管派去的那个员工口才很好，据理力争把对方说得哑口无言，却并没有消除那位顾客的不满和愤怒，反而使得他越闹越厉害。

电话公司只好又派遣了一位员工去进行调解。和上次不一样的是，这位员工没有据理力争，只是静静地听着顾客的抱怨，并适时做一些简单的回应，他还鼓励顾客把心里的不痛快说出来，把不满发泄出来。

顾客一刻也没停地在那里唠叨了三个多小时，这位员工就在那里听了三个多小时。之后又登门两次，每一次都静听顾客向他诉说心中的不满。这使得顾客对他的态度大为改观，不仅以礼相待，还表示不会再继续追究，之前的申诉也会撤销。

公司里的其他人都非常好奇是什么能让那位顾客撤销申诉，这位员工说自己其实什么也没说，只是专心地听他说了几次话，做了一个耐心又忠实的听众。

当我们耐心倾听他人的时候，人们是能够感受到尊重和温暖的。

倾听是走向成功的秘诀，也是解决各种问题和矛盾的关键，还是互相尊重、建立信任的开始。你付出多少诚意，就会得到多少真心的回馈。学习倾听，不仅可以加强与别人的沟通效果和对别人的了解，还可以帮助你在工作中建立良好的人际关系。

交流是一个双向的过程，对方说我们听，适当的时候给予反馈，这就是一个信息流动的过程。而这个过程也是让交谈双方走得更近的过程，总会有人对你的默默倾听心怀感激。

表达秘籍

1. 与陌生人聊天的时候，因为彼此之间不太了解，为了不至于尴尬，最好不要谈论一些过于隐私的话题。

2. 身边熟悉的人倾诉一些难堪的问题的时候，可以讲一些自己身上类似的故事来开导对方，这样可以缓解倾诉者的压力。

3. 有时候关系亲密的朋友或者爱人向你倾诉，他们需要的也许只是你的聆听，而不是想让你提供什么建议。

第2章 看出门道，察言观色不可缺

真正的说话高手不仅仅有流畅的语言表达能力，更有敏锐的周边观察能力。他们往往能通过对方的表情或者肢体语言来判断其心里真实的想法，从而更容易将话说到对方心里去。

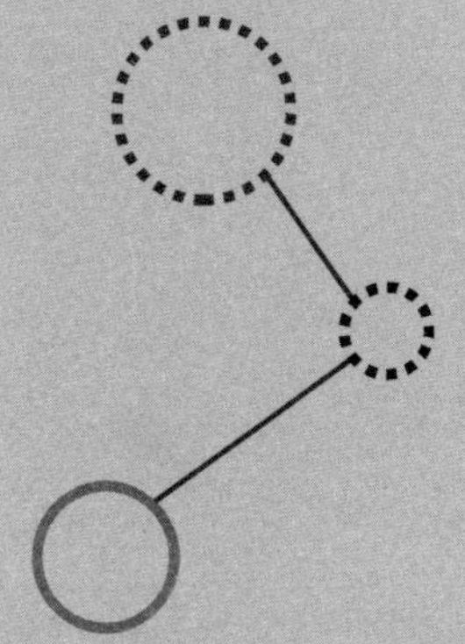

·如何巧妙地拒绝·

生活中，面对别人的各种请求，很多人害怕伤害别人的感情而说不出口“不”。心里明明很想去拒绝，却由于不知道该如何拒绝而牺牲了自己的时间和精力。我们希望别人看到的自己是友善热情的，所以总是会认认真真地去考虑别人对你提出来的要求。无论何时何地，哪怕是自己手头上正在做着某件很重要的事情，也会不惜为此付出一点时间，然后自己再加班加点地去完成自己的工作。

时间长了以后，你自己可能也会意识到，不去拒绝别人对自己其实没有一点帮助，反而还给自己的生活增添了很多烦恼。但到底该如何去拒绝别人才能保证既不伤害感情又能坚持自我呢?

我们可以先试探一下对方的心理，了解到对方的目的以后，用心理攻势使对方自己去否定自己，从而主动放弃自己的不合理请求，这样就可以拒人于无形之中。

所以，拒绝也不是一件容易的事情。如果说得不得法，可能会让你失去一份交情，更有甚者，可能会被人误会，或者对你产生敌对和仇视。掌握好拒绝的方法以后，才能在不着痕迹之中保留情义和自我。

美国南北战争期间，有一位女士找到当时的总统林肯，对他说道：“敬爱的总统先生，我今天来到这里的目的就是想要您给我一张授衔令，让我的儿子成为一名上校。”

总统看了看她，并没有马上回答。谁知道这位女士接着说道：“我今天向您提出这个要求，并不代表我是在向您求情，而是因为我觉得自己有这个权利向您提出这个要求。因为，列克星敦战役打响的时候，我的祖父曾经在那里战斗过。而在一场战役中，几乎所有的士兵都逃跑了，我的叔父却是里面唯一一个没有逃跑的。我父亲年轻的时候在新奥尔良立过大功，而我自己的丈夫死在了蒙特雷。”

林肯听完以后，仔细地想了想，然后对那位女士说：“夫人，您这些家人的经历我深感敬佩，我想您的家人为了报效我们的祖国已经做得够多够好了，现在您也是时候把这些机会让给别人了。”

其实，大家都知道这位女士真正想要表达的意思是，让总统看在自己家人功劳的分儿上，给自己的儿子授衔，让他当上上校。林肯自然也明白这一层意思，但是他心里是想拒绝女士的这个请求的。所以，他顺着这位女士的话，表明了自己的态度。

现在人们凡事都要讲面子，所以即使内心是拒绝的，也不会当面表达出来。但有时候我们就可以像林肯一样，顺水推舟将自己心中的所思所想说出来。这样，对方了解到这种意思以后，也就会知趣而退了。

除此之外，我们还可以学会先发制人，也就是在别人向你提出要求之前，你就抢先向别人提出要求，占领他所在的立场，让对方失去自己的立场，以达到我们拒绝的目的。

在一个大型服装批发市场里，经常能看见一个乞丐的身影。他每天都拿着一个破烂不堪的铁碗沿着店铺的街道乞讨。每走到一家店铺门口，他就用手上的勺子敲打铁碗，然后将碗向前一伸就找人们要钱。基本上每天如此，而每次的动作也都是一样。所以，在这个批发市场的人都特别烦他。

因为这个乞丐其实是一个腿脚健全的壮年小伙，完全可以靠自己的劳动去养活自己，却整天伸手找别人要。这种行为在大家看来，实在是有点过分了。

后来，有几个人在一起商量了一个对策。当这个人再来向大家乞讨的时候，大家要在他向自己伸手之前，就将自己的手伸向他，也就是在他还没找自己要钱之前，自己就先找他要钱。大家试用过几次这种方法以后，乞丐感到了极度的尴尬，所以再也不好意思伸手找大家要钱了。再过了一段时间，这个批发市场也没有再见到这个乞丐的身影了。

这就是先发制人的方法，大家抢先伸手找他要钱，也就是抢占了立场先机，这样一来，他自然就不好意思再伸手找大家要钱。

当然，在拒绝别人之前，我们可以探究一下，对方向你提出请求的背后隐藏着什么真正的目的。然后，就可以在拒绝他人请求的同时，给他提供一些别的方面的帮助。这样，即使你当场拒绝了对方，他也不会因此而对你心生怨念。

归根到底，当有人对我们提出请求，而这些请求又没有得到满足的时候，他们最强烈的反应很有可能就是失望或者气愤。而一旦我们讲究方式地回绝别人，就等于向别人表明，我们的时间和精力是有限的，也是宝贵的，所以对方也会尊重你的选择。

表达秘籍

1. 当有人跟你提出一些不合理请求的时候，先不要太着急地去答应他。你可以试着停顿一会儿再给出决定，这既是给自己时间思考怎么去回答，也是给对方时间让他重新审视一下自己的要求是否过分。

2. 为了避免直接说“不”带来的尴尬，你可以通过“但是”一词引出你真正想要说的话。这样，即使你当时给不了对方什么帮助，但还是会让人心里好受很多。

3. 如果有人邀请你去做一件你并不想做的事情，你可以先肯定一下这件事情还不错，不过你需要看一下最近的日程安排。这样就在拒绝对方之前设置了一个有效的缓冲，不会让对方觉得你冷酷无情。

·找到让对方舒服的谈话方式·

现代生活中，流行着一种奇怪的现象，那就是把“我说话很直接”当成了一种闪光的优点。很多人还自作聪明地拿这种习惯性的思维来掩盖自己的不会说话、不够贴心。似乎只要有了这个借口，就可以光明正大地不去为他人着想。久而久之，自己也不是很明白为何他人对自己越来越疏远，越来越厌烦。

说出来的话能不能让人舒服，是一个很细微以至于让很多人忽略掉的言语方式。其实，一个人的谈话让别人舒服的程度就是你人生的高度。我们在与别人的沟通之中，想要让别人听进去你所说的话，就要用一种让别人感到舒服的沟通方式才可以。而不是逞一时的口舌之快，用一种不恰当的沟通方式让对方对你敬而远之。

美国经济大萧条的时候，成千上万人的生活陷入了绝境，社会就业也受到了很大的冲击。在这种艰难的社会大背景之下，曼莎小姐费尽千辛万苦终于找到了一份可以养活自己的工作——高级珠宝店的售货员。

平安夜的那一天，有一位穿戴整齐，衣着干净的男顾客走进了店里，看上去，他也就只有三十岁左右。虽然行为举止都显得很有修养，但是曼莎还是一眼看出来，他也是一个失去工作的人，正在遭遇生活上的不幸。恰好这个时候，珠宝店里只剩下了曼莎一个人，其他店员都出去了。

曼莎主动和男子打了声招呼，而男子只是很不自然地笑了笑，目光闪烁，刚对视上就慌忙将视线移开了。他仿佛在用自己的行动告诉曼莎，自己今天只是过来看一看，并没有购买珠宝的意思，不用对自己太过热情。

这个时候，柜台的电话突然响了，曼莎急忙去接电话，但在慌乱之中，她不小心打翻了柜台上摆着的一个盒子，盒子里装着六枚精美绝伦的金戒指。曼莎看着六枚金戒指滚落到了地上，连忙弯下腰去捡。但是最终，她找了很多角落也只捡回来五枚金戒指，第六枚怎么找也找不到。就在她抬起头准备换个地方再找找的时候，她看见那名男子正在慌张地向店门口走去。就在这一瞬间，曼莎突然清楚第六枚戒指的下落了。

男子推开店门正准备离开的时候，曼莎很有礼貌地说："请您稍等一下，先生。"

男子放下推门的手，转过身去。他们各自看着对方相互沉默，这种沉默足足持续了一分多钟。此时曼莎心里充满了不安，她揣测这名男子身上是否带了枪或者匕首一类的东西，如果真的是这样的话，自己又应该如何应对。

终于，在长久的沉默过后，男人开口说话了："请问您有什么事情？"

曼莎忍着狂跳的心，鼓起勇气向男子说道："先生，您知道我今天是第一天过来上班，现在能找到一份工作真的是太不容易了，相信您也有所体会，所以您能不能……"

曼莎并没有将话说完，而男子注视曼莎的眼光也变得越来越不自然。又过了好几分钟，男子的脸上浮现出了微笑。

"的确是这样的，这都是经济危机导致的啊。"男子回答了曼莎的话，接着又说道："但是我相信你，我也肯定你在这里可以干得很出色。"

说完，男子走近曼莎，并向她伸出了自己的手，他对曼莎说道："现在，我可以为你祝福吗？”

曼莎听完连连点头，他们两个人紧紧地握住了对方的手。之后，男子很快转身走出了店门。看着男子走出去以后，曼莎也转身回到了柜台，她将手中的那第六枚戒指完好无损地放回了盒子里。

面对这种情况，我们又会如何应对呢？曼莎心里十分清楚，第六枚戒指就是被那名男子拿走了，但她心里对那名男子还有不安的揣测，害怕他会在自己揭穿事实以后伤害到自己。这个时候，怎么说出事实真相并表达自己心中的意图就显得尤为重要了。可能有的人会选择直接拆穿、大声叫喊等方式，但这样做极易让矛盾激发，可能导致的结果就是戒指没有拿回来，自己也受到了伤害。直接点破的方法在这里就有点互相伤害的意味，既没有给男子留下自尊，也没有给自己留下余地。

但是曼莎不一样，她并没有直接说自己已经知道戒指就是被男子拿走，而是选择了好好沟通。她把侧重点都放在了自己身上，表明自己第一天上班，在经济如此萧条的时代，能找到工作已经实属不易。她一边在理解、宽容男子的行为，一边也在寻求男子的理解。曼莎说出自己的处境以后，男子经过一番思想斗争，最终也选择了去理解曼莎。

这场谈判之所以成功，关键就在于曼莎选择了一种让对方感到舒适的谈话方式，这样才得以让对方放下戒备，用心听曼莎所说的话，也用心理解曼莎所说的话。试想一下，如果曼莎知道第六枚戒指的下落以后，就对着男子大喊大叫，很有可能男子会趁机打伤曼莎，并带着戒指逃离珠宝店，这个时候的曼莎就真的是人财俱伤。

语言不只是一种沟通工具，还是一门独特的技术。就像厨房的烹饪食谱一样，它也有它的秘籍。不管是在古代还是在现代，那些不谙说话之道的人都是很难成就大事的人。而那些有成就之人，都是在语言方面有自己独特能力的人。能把话说得恰到好处，让身边的人都感觉很舒服，才能在人群中脱颖而出。

著名的美国柯达公司创始人伊斯曼是一个特别热心公益事业的人，有一次他捐赠巨款，想要在罗切斯特修建一座集音乐馆、纪念堂和戏院为一体的大殿堂。这批建筑物的座椅安置引来很多人的竞标，很多座椅制造商为此展开了激烈的竞争。但令人奇怪的是，那些去找伊斯曼谈判的制造商往往都是兴致勃勃地来，垂头丧气地回，无一例外。

在这种情况之下，有一家“优美座位公司”的总经理，名叫亚当森，他也前去拜访伊曼斯，希望自己能从他那里获得这笔大生意。

很快，亚当森就找到了伊曼斯的秘书，秘书跟他说道：“我明白您现在的心情，也知道您急于想要拿下这笔生意。所以现在我郑重地向您交待，待会儿和伊斯曼先生谈判的时候，如果您占用了他五分钟以上的时间，那您就完了。因为，他实在是太忙了，而且还是一个非常严厉的人。等一下您进去办公室以后，一定要快速地将您要讲的话讲完。”听完秘书的嘱咐，亚当森点了点头，并对此示以微笑。

亚当森被引进办公室的时候，伊斯曼正在埋头工作，他的办公桌上堆了一大堆文件。

于是，亚当森安静地站在那里，并仔细地对办公室打量了一番。过了十几分钟，伊斯曼终于忙完了手上的工作，他抬起头，看到了亚当森，并对他问道：“请问您有什么事吗？”

一旁的秘书对亚当森做了一个简单的介绍就退出去了，而亚当森此时并没有着急着谈那笔大买卖，而是说："伊斯曼先生，就在刚刚我等您的那段时间里，我非常仔细地观察了一下您的这间办公室。虽然我干室内木工装修的工作已经很久了，但是还从来没有见到过装修得如此精致的办公室。"

"您正好提醒了我，这个办公室是我自己设计的。当初刚修建好的时候，我非常喜欢。但是工作一直都太忙了，也没有机会好好欣赏一下。"伊斯曼说着，也打量起了这间办公室。

亚当森用手擦了擦墙边的木板说道："我猜的没错的话，这一定是英国橡木对吗？因为意大利的橡木摸上去的感觉不是这样的。"

"是啊，你猜的很对，这正是从英国进口回来的，是我的一位行业朋友专门在英国为我订的货。"伊斯曼高兴地站了起来，心情也变得很好。他带着亚当森在自己的办公室里参观，把里面的装饰一一向亚当森做了介绍，还给他讲了自己当初设计的详细经过。两个人越谈越投机，最后还一起吃了午饭，午饭过后又一起给几把脱了漆的椅子上漆。一直到他们告别的时候，都没有谈及那笔生意。但是亚当森却得到了很多订单，还有伊斯曼的友谊。

亚当森能够从众多商人里脱颖而出，就是因为他没有走常规路线，而是反其道而行之。也许别人一开口就会得到拒绝，但是亚当森一开口却让伊斯曼愿意与之聊下去。找到让人舒服的谈话方式，才能让彼此的关系有所发展和突破。

表达秘籍

1. 在与别人的交谈中，不要用"以上对下"的口气去对待别人，要在一种平等的关系中去沟通。

2. 当对方已经明显不想听你再说下去的时候，你就不要再婆婆妈妈。

3. 说话之前先思考几秒钟，想一想说出去的话会给对方带来什么样的影响。

·如果不会说，那就看看别人怎么说·

叔本华曾经说过：“如果我们举止有礼，言谈有善，我们就能粗暴地对待许多人而安然无恙。”在我们与别人的交流过程中，语言本身就是一种艺术。现实生活中，我们多多少少也遇到过那种说一句话就能引起巨大反响、产生意想不到效果的人。不管是在什么情况下，交流都是一种基本的技能，而能将这种技能掌握到一定程度，对自己来说也是一个很大的帮助。

我们会在各种场合遇到各种难题，有时候也会碰到那种不知道该如何开口的局面。这个时候，我们不妨先看看别人是怎么说话的。学习一点技巧，让自己也能如沐春风，而不是当一个永久的话题终结者。

美国哲学家约翰·杜威曾经提到过：人类本质里最深远的驱策力就是希望自己具有重要性，希望被赞美。所以很多会说的人都很善于给予别人肯定，给予别人正面的评价。

这天，彼得自己一个人去参加一场鸡尾酒会，由于自己没有带女伴，所以显得有点寂寥。看到别人都是成双成对，心里越发觉得孤单了。他只好在一个角落里一边无聊地喝酒，一边发呆似的看着周围的人。

突然，一位漂亮的女士出现在他的视线里。彼得看见那位女士也是一个人端着酒杯站在角落。他观察了一会儿以后，就被女士迷住了。看着都是形单影只，他决定走上前去邀请女士跟自己一起喝杯酒。

可是，他刚走近这位女士，还没来得及说出自己的邀请，就看到女士的臀部位置沾上了一些酱汁，非常刺眼。彼得心想，肯定是女士之前坐过的椅子上有人不小心撒下了一点酱汁，而这位女士没有注意，一不小心坐上去就沾在了衣服上。

想到这里，彼得不知道该不该提醒女士注意。他害怕自己当面指出的话会让她很没面子，之后都不愿意与自己交流了怎么办。但如果不给她提出来的话，一旦被别人发现，她还是会遭到嘲笑，那样的话，气氛可能会变得更加尴尬。

彼得思来想去，还是决定将实情告诉这位女士。他走过去以后，先是很礼貌地跟她打了个招呼，然后顺势赞美道："女士，您今天穿的这套衣服真是太漂亮了，光是从背后看您的背影，就非常吸引人。特别是裙子后面点缀着的那一朵小红花，实在是画龙点睛、匠心独运啊。看着很可爱，也很有趣。"

女士听完以后，回过头看了看自己的身后，勉强地挤出来一个笑，然后借口去一趟洗手间。等到她回来的时候，女士对着彼得说道："谢谢你刚才对我的赞美，不过后面那个并不是花，而是酱汁。我刚刚在洗手间处理了半天，但还是弄不掉。不知道您能否帮我个忙，把外套借给我挡一挡？"

彼得见此，立刻脱下了自己的外套，披在了女士身上。他们度过了一段非常开心的晚会时光，结束以后，彼得还将这位女士送回了家。

在我们平时也会遇到很多这种尴尬的时刻，总是在提醒与不提醒之间犹豫不决。再看看彼得，他先是把那位女士夸奖一番，再用一个比喻，把衣服后面的酱汁比作了一朵花，让现场的尴尬都消失了。这是一种大家乐于接受的方式，这样做出来的暗示也是一件光明正大的事情，还能反映出一个人的机智与智慧，为你的印象值加分。

有人能用几句话让自己绝处逢生，但也有人能用几句话让自己陷入穷途末路。

有一个多功能食品搅拌公司的销售人员在一个小区里推销自己的产品，她敲开一家住户的门以后，鼓起很大的勇气说道：“请问一下，您现在是否需要一台食品搅拌机？”一般情况下，推销员此时得到的答案都是：“对不起，我们现在不需要。”说完以后，客户还会冷冷地关上自己的门，好像连下次拜访的机会都不会给推销员。

但是，如果推销员转换一下思路，改变自己的说话套路，在客户开门以后这样说：“先生，打扰您了，请问一下您家里现在是否有一台多功能的食品搅拌机呢？”这个时候，客户听完以后都会习惯性地思考一下再回答：“我们家有一台搅拌机，但好像并不是多功能的。”

如果是这样，销售人员的机会就来了。她可以轻松地说：“今天我给您带来了一个多功能的食品搅拌机，您可以试用一下。”这样一来，销售人员与客户成交的概率就大大提高了。

会说话和不会说话，导致的结果就是截然相反。

在这个人才济济的时代里，只有说得一口好话，才能比别人站得更高，看得更远。

以前看《最强大脑》的时候，有一期节目令人印象深刻。有一位参赛选手因为第一轮的难度分不够，挑战没有过关。但是如果他能说服在场的几位评委集体为他爆灯的话，还可以获得第二次的挑战机会。

那一场的评委有周杰伦、陶晶莹和郭敬明。大家都知道，一般情况下，周杰伦和陶晶莹不会怎么为难选手。倒是郭敬明，不会轻易被说服。

但那位选手只说了一句话就将郭敬明说动，为他爆灯。他当时是这么说的："郭导您好，我知道，平时您对待选手是非常严格的。所以我很希望接下来您能给我一个机会，让我可以在您面前证明我自己。"

说完这句话以后，台下的嘉宾都不约而同地发出一声感叹："这话说得真是太好了。"

可能很多人觉得这就是一句平淡无奇的话，为什么会觉得他很会说呢？其实大家有所不知，郭敬明之前和 Dr. 魏意见不合，有几次闹得比较严重，差点就罢录了。Dr. 魏是脑神经领域的教授，所以一直都强调他评判的唯一标准就是科学。可是这样一说就显得郭敬明的标准有点不太科学。

当这位选手用"严格"一词来评价郭敬明的时候，可谓是说到了郭敬明的心坎里，这正是他在这个舞台上最想听到的一个评价。所以他才心花怒放，心甘情愿地按下了爆灯键。这位选手不仅争取到了一次重新证明自己的机会，同样也是给了郭敬明一次证明自己的机会。

所以，那些会说话的人，在开口的那一刻就已经赢了。

好的口才，并不是要把话说得天花乱坠，而只是简单的几句话就能给对方启发。这种思维方式和说话技巧都是可以通过训练得来的。多观察、多训练，才能成为一个人人都愿意与之相处的说话高手。

表达秘籍

1. 在说话技巧里，逻辑性是很重要的一点。平时在说话的过程中，多留意一下自己用到的连词，并在合适的地方运用合适的连词，这样会让你的话听上去很有逻辑，让人能注意到你接下来可能会说到的内容。

2. 想要与人建立一个长久顺畅的沟通，首先就要表现出你的真诚。不弄虚作假，不矫揉造作。当你对别人表现出真诚的时候，你才有足够的底气和勇气面对别人而不怕被揭穿。

3. 不管你面对的是什么人，都要保持一种平等的心态。既不骄傲自大，也不要妄自菲薄。对劳动者要谦逊礼貌，对势力强大的人物也能贫贱不移。

·将对方看在眼里，放在心里·

在与对方说话的时候，我们强调将对方看在眼里，放在心里，意思就是要让对方能在你眼中找到一种存在感。当你在说话的过程中偶尔注视一下对方的眼睛，或者观察对方的行为，不仅能让对方感受到你给予的重视，还能显示出你的真诚。

有人曾经说过："泼妇骂街的时候一般都是口若悬河，那些行走江湖买卖膏药的人，也是口若悬河，滔滔不绝，然而，从来不会有人承认他们会说话。"这里所说的就是，说话要走心。不仅要把和你说话的人放在眼里，更要把他们说给你的话听进心里。

在金鹰节颁奖典礼上，胡歌作为最佳人气男演员，需要在台上发表自己的获奖感言。他的感言一说出即被奉为一段范本，就连很多不认识他本人的业内同行也为他疯狂点赞。

我们之前或许也听过很多人讲过很多种获奖感言，每个人都有自己要去感谢的人，每个人也都有自己要去讲的辛酸故事。可能大多数人都会提到，得了奖很开心，自己的辛苦和努力没有白费等。

但在胡歌的获奖感言中，他把自己的姿态放得很低，大多数话都在讲别人而不是自己。

他说，自己能拿到最佳人气男演员这个奖项，并不是自己有多么的优秀，而是自己足够幸运。而他所说的幸运就是，他可能只是比别人更早地知道了一个真正的演员到底应该是什么样的。

谈到演员的敬业，他将此归功于郑佩佩。他提到自己的第一部戏就是和郑佩佩老师一起合作的，而正是因为在现场看到了郑佩佩老师对于这份职业的认真态度，从而感染到了自己。这么多年，自己对于现场的那一幕都记忆深刻，所以自己从郑佩佩老师身上学到了一个真正的演员在现场该是什么样子。

谈到职业的素养，他将此归功于林依晨。他一直记得林依晨曾经对自己说过的两句话，有一句是：演戏是一个探索人性的过程。还有一句是：我是用生命在演戏。他说自己从林依晨身上学到了很多，而这两句话，他一辈子都不会忘记。

谈到艺术追求，他又将此归功于李雪健老师。他说自己有幸与李雪健老师同乘一班飞机到长沙，而德高望重的李老师只带了一个必要的随行人员。他自己却带了三个，不禁心生惭愧。是李雪健老师让他知道低调和谦虚应该是什么样的，也是李雪健老师让他知道追求艺术的道路既是创新，也是传承。他说自己的奖杯不是一个高度的代表，而是一种出发的代表。

回过头再去细细品味一下胡歌的这段话，我们也不难发现，这不仅仅是一段获奖感言，更是综合实力和超高情商的一种展现。很多人或许也注意到，在获奖名单公布以后，胡歌上台领奖之前，他还特意走到了李雪健老师的身边，弯腰和他握手，在他耳边说了一句“受之有愧。”

他所说的每句话，除了表达自己对演员这个职业的思考和体会以外，还照顾到了现场很多人的感受和情绪，就这样征服了场下的观众。或许这也是大家都喜欢他的原因之一吧，除了颜美戏好，还有情商高。

无疑，胡歌把得奖的功劳都给了别人。他能记住别人很多年前对他说过的话，也能记住很久以前别人某些值得学习的行为。时隔多年，再次提起的时候，让当事人感受到了一股极大的尊重和莫大的荣幸。而这种修养是自内而外的，他不仅仅是用嘴巴在说话，更是用心在说话。

对于胡歌，就连平时在节目里最爱怼人的金星老师都是佩服的。

有一次，金星给胡歌出了一个难题，要求他把三朵玫瑰送给他最重要的人。但大家都明白，三朵是远远不够的，少送谁都会被说闲话的。但胡歌堪称完美地解决了这个问题，让每个人都佩服得五体投地。

胡歌说："第一朵花要送给我的家人，这个家人是说所有和我一起走来的工作人员，还有我的粉丝团胡椒们，这朵花我希望由金星老师代收。"

此话一出，大部分人的心都感觉到了温暖，连金星老师也是开心地接过了他的花。

接着他又说："第二朵花要送给我的爱人，现在还没有，但是台上的闫妮曾经演过我的爱人，所以这一朵想请她代收。"站在一旁的闫妮，满脸都抑制不住开心的笑容。最后一朵花，他说要送给妈妈和未来的女儿。

明明只有三朵花，胡歌却让所有人都觉得自己收到了他送出的爱的玫瑰。

把别人看在眼里，也把别人放在心里，这样才能将自己的话说进每个人的心扉里。

有一位美国房地产巨商，在当地有着很高的名望。生意一向顺利的他，有一次却遇到了一点麻烦。他承包的一个房地产项目在销售过程中遇到了很大的阻力，因为他开发的这块地虽然靠着火车站，有很便利的交通条件，但同时它也靠近一家木材加工厂，很多人对加工厂的电锯声都表示难以忍受，所以导致销售受阻。

在刚开始的商业谈判中，他将这个情况隐瞒了下来。但每次对方知道实情以后，谈判又马上终止。后来，他想改变一下自己的谈判方式。他又找到一个意向客户，双方坐下来开始谈判。这一次，他并没有隐瞒什么事情，而是在一开始就将情况如实相告："这块地靠近火车站，相对于同地段的地来说，这个价格算是相当便宜的了。当然，在这里我也得跟您讲清楚，这块地之所以卖的价格低，是因为它也靠近一家木材加工厂，平时的噪声可能会有点大。"

他说完以后，客户沉默了，他只好接着说道："当然，如果您觉得这个噪声可以容忍，这块地的价格和交通条件确实是与您理想中的相符合的。"说完，他亲自带着客户去到了现场，进行实地考察。没想到，考察完以后，客户对这块地非常满意，他说："您在谈判中特意给我强调了噪声的问题，当时我以为这个问题非常严重，但是这次来到实地看完以后，我发现这个噪声对我来说根本算不上什么大问题。您知道吗？我以前住的地方，从早到晚都有重型机车来往不绝，但是这里的噪声一天也就那么几个小时。这个地方我很满意。我觉得您这个人也很实在，如果换作是别人，可能不会告诉我事实真相，只会对我说好听的话。但是您对我如实相告，却让我觉得非常放心。"

就这样，他将这笔棘手的买卖做成了。

我们所认为的那些说话高手，他们除了为自己着想之外，更多的其实是为对方着想。把说话的重心和焦点都放在对方身上，这样才会赢得更多好感。想要让自己的说的话讨得别人的欢喜，就该知道哪些话能说，哪些话不能说。将别人看在眼里，也放在心上，才能用你的语言去打动别人，让别人情不自禁地喜欢上你。

表达秘籍

1. 好的语言能让人神清气爽，但坏的语言也能带给人无形的伤害。所以，在我们的话说出口之前，一定要想清楚。因为言语的伤害一旦形成，就会留下一道永久性的疤痕。

2. 在日常生活中，我们需要多多地去发掘他人身上的闪光点，并发自内心地去赞美，真诚地让别人感受到来自你的欣赏。这样，你带给别人的愉悦感也会增多，别人对你自然也会变得热情。

3. 和某人聊天的时候，我们可以从对方某一方面的兴趣爱好入手，或者是从最近的热点话题等展开。找到一个你们之间的共同话题之后，就会容易建立一种彼此之间的信任，得到情感上的共鸣。

·看破可以，不要说破·

在人际交往这个复杂的系统里面，我们要学会修炼自己的口德，即看破可以，但不要说破。所谓看破，就是在你的眼里，事情接下来可能会有的发展、转折、结尾等过程都是一清二楚的。但真正聪明的人是绝对不会轻易说破的。这就是所谓“天机不可泄露”。老子有言：“知者不言，言者不知。”如果说破，就是不够智慧。

很多时候，我们只需要把自己的事情做好，管好自己的行为，没必要表现得处处比别人能干、聪明。因为没有任何人愿意承认自己是无能之人，愿意接受别人比他强的事实。卡耐基在自己的书中提出过一个理论，那就是如果你想要收获一个敌人，那你就尽可能地表现出你要比他能干；而如果你想要收获一个朋友，你就要尽可能地让他表现得比你能干。

拿捏好说话的分寸，不随便乱说，才不至于给自己惹来大麻烦。

平时，我们如果看到自己身边人的缺点，是会直接指出来还是用包容来化解尴尬呢?

在《孔子家语》里记载了一个孔子和弟子去借伞的故事。有一天，孔子带着自己的弟子出门，走到半路，发现天马上就要下雨了，可是谁也没有带雨伞。正在大家发愁之际，大家又发现，再往前走一点就是子夏家了，于是有弟子站出来跟孔子提议说：“要不我们去子夏家里借一把伞吧。”

没想到孔子阻止了弟子，并连忙说道：“先不要去，不要去，我对子夏这个人很是了解，他平时就很护财，想从他那里借出来东西还是很难的。”

弟子不解地问道：“我们都能把自己的东西拿出来和自己的朋友一起分享，即便是东西被用坏了也不会太心疼。今天老师外出遇到雨了，想去他那里借把伞用一用，难道他还不肯借吗？”

“我并不是这个意思。”孔子回答道：“我们不能逼着别人去做别人不愿意做的事情吧，只有做到这一点，大家在一起相处的时间才能长久一些。”

大家外出遇到雨了，本来可以顺道去弟子家里借用一下雨具，但对此孔子却有不一样的想法：子夏比较吝啬，若自己开口去借的话，他不想给，别人会觉得他不尊重师长，如果是他给了，自己肯定又会觉得心疼。

孔子的想法就是，既然子夏比较惜财，那我们就不要为难他，要不然时间长了以后，彼此之间就会有隔阂。其实，这就是我们在平时的人际交往中会遇到的问题，我们每个人都会有自己不一样的性格特点，在交往中，我们要知道体谅他人，这样，别人才会反过来替你着想。

就像孔子虽然看破了子夏的吝啬性格，却并没有直接用言语加以指责，而是用一种理解和宽容的心态来对待自己的弟子。如果我们将这种处世原则运用到我们的实际生活中去，对于人际关系的维护肯定能起到不小的帮助作用。

我们每天需要应对的人和事要比这个复杂很多，不管是在职场还是在生活中，我们都需要管住自己的嘴巴。这并不是一种虚伪与狡诈，而是一种交往处世的境界与准则。现代社会都在提倡高情商，因为大家都觉得高情商就是一种聪明的表现。而真正聪明的人，在任何时候都会展现自己最优雅的一面，既不会让别人难堪，也不会让自己失态。

小艺和菁菁是同时进入公司的，两个人年纪又相仿，所以很快便混熟了。

有一次，她们约好周末一起逛街，因为换季了，两个人都需要一些新衣服。

在商场里，小艺试了很多件衣服，但菁菁都说不好看。最后逛了一天，小艺也没能挑上一件满意的衣服，只好空手而归。

回去的路上，小艺不停地追问菁菁：“你说我试了那么多衣服，基本上一楼的每一家服装店都光顾了，难道就没有一件适合我的吗？”

菁菁听完小艺的提问，赶忙回答道：“其实你知道吗？并不是那些衣服不好看。之所以都不适合你，是因为你自己的原因。你看你皮肤太黑了，而且腿也很粗，这样穿衣服怎么可能会好看呢？”

小艺听完，满脸黑线。她十分生气，当场甩手，扔下菁菁就走了。后来还因为这件事情，差点就跟菁菁绝交。

但菁菁还没有意识到自己的错误，还一脸正气地说：“事实就是这样啊，我又没说假话。那些衣服她穿着也不好看，如果真让她买了岂不是浪费钱？”

菁菁不知道，有哪个女孩子不希望听到别人赞美自己？而她不仅没有满足小艺的这种心理需求，反而用几句话就摧毁了小艺的心理建设，不得不说这情商很低。

如果她看到了小艺的黑和胖，那么自己放在心里就好了，每个人都会有自己的优点。这个时候，如果菁菁对小艺说，这件衣服很显你的气质，或者是穿上这件衣服，你马上变得更有女人味儿了。这样一说，结果皆大欢喜，也不至于闹得个不欢而散。这种一开口就让别人难堪的人，丝毫情面也不留给别人。虽然逞了一时的口舌之快，但损人不利己，以后别人也不会太宽待自己。

有一句话说得好：“我们花了两年时间来学说话，却要花六十年的时间来学会闭嘴。”当我们看到一些别人的错误，如果能含蓄委婉地指出来，对方一定会心存感激。如果我们恰巧撞到别人的尴尬时刻，而毫无顾忌地去暴露出来，只会让别人对你心生怨念。

看破是一种能力，而不说破则是一种修养。

表达秘籍

1. 知人不必言尽，看破不必说破。这既是一种人生的智慧与涵养，也是心里有他人的一种体现。如果你懂得留一点空间给别人去思考和领悟，那你就会拥有双倍的智慧。

2. 话说出口之前，必须要先加工一下。这样，你在反对别人的观点或者行为的时候，别人也会感受到你的理解，心里就会好受很多。

3. 大多数说着忠言逆耳，海纳百川，良药苦口的话，很少有人能真的接受。因为，在双方的交谈之中，如果你连对方最起码的感受都没有加以考虑，那人家又凭什么去相信你说出来的话是为了他好？

·肢体语言藏真相·

所谓肢体语言，就是人们在平时的交流之中，通过肢体活动所表达出来的一种行为。它可以传达出很多信息，也可以包含很多种意思。比如，我们最常见的握手就是其中一种，还有目光的接触、交叉的双臂等等都是一些肢体语言。还有人指出，一般在人比较多的场合下，如果一个人的脚尖朝向某个人，那么往往意味着他对这个人有意思。

一个人的情绪、态度和情感变化可以通过很多方式表现出来。比如说，当一个人觉得愉悦的时候，他的瞳孔会不自觉地放大。而当一个人对某些东西感到厌恶的时候，瞳孔又会不自觉地缩小。所以说，一个人情绪状态的转变，是可以通过他的眼睛看出来的，这也是所谓的“眼睛是心灵的窗户”。

而还有很多其他的肢体语言，需要你在平时的生活中多观察、多注意才能加以理解。一段完整有效的沟通，除了能听到别人说出来的语言之外，还要有一种理解对方肢体语言的能力，这样才能更加准确地意会对方所要表达的意思，也就更加明白他们的真实目的和想法。美国的教授艾伯特·梅拉比安曾经提出来一个关于沟通的公式：全部的信息表达等于百分之七的内容加上百分之三十八的声音，再加上百分之五十五的肢体语言。

有一个人连续赶了好几天路，路上没有好好地吃过一顿饭。这天他正好路过了一家饭店，便毫不犹豫地走了进去。他点了一桌子好吃的菜，又要了一壶好酒，美美地吃了一顿。等他吃完准备结账的时候，他一摸口袋，发现自己并没有带钱包。

于是他叫来老板，对老板说："我确实是忘记带钱包了，这次吃饭钱，下次给你送过来吧。"老板听完，也没有生气，而是连声回答道："没事，没事，下次带过来就可以了。"说完，还恭恭敬敬地把这个人送出了门。

整件事情被旁边的一个无赖看见了，他也想效仿那人。于是他也走进饭店，要了一桌子好酒好菜。吃完之后结账的时候，他也摸一摸自己的口袋，拍着脑袋对老板说："今天出门太急了，没有带钱，要不改天再把钱送过来吧。"

谁知刚才还一脸和气的老板脸色大变，他一把揪住这个无赖，不让他走，还非要剥下他的衣服。

这个无赖很不服气，大声地向老板问道："刚才那个人也是向你赊账，为什么你就放他走了，而我向你赊账为什么就不行呢？"

老板不急不缓地说："人家吃饭的时候，筷子在桌子上摆得整整齐齐。喝酒的时候，都是一杯一杯地慢慢倒着喝，动作斯文雅致。吃完之后，还从口袋里掏出手绢擦了擦嘴巴。谁都能看出来，他是一位很有德行的人，定不会赖我这几个饭钱。而你呢，吃饭的时候恨不能将筷子举得比头还要高。整个过程都是急急忙忙、狼吞虎咽。吃到过瘾的时候，你还把脚踏在了你对面的凳子上。喝酒的时候，直接端起酒壶就往嘴里倒酒，吃完以后就用袖子使劲地擦嘴巴。这分明就是一个无赖的行为表现，肯定是居无定所、吃了上顿没下顿的人，所以我凭什么让你白白吃我一顿？"

老板的这一席话，让这个想蹭饭吃的无赖顿时变得哑口无言。他只好留下身上的外套，狼狈地离去。

我们在这个故事中不难看出，这位老板判断人的一个很重要的标准就是言行举止和行为规范。这些虽然都只是肢体活动，但依然能透露出很多信息。老板就是根据这些信息来分析吃饭人的品质德行。第一位客人，吃饭的动作从容优雅，虽然自己很饿，但并没有表现出一种狼吞虎咽之态。所以，老板根据他的这些行为判定出他是可信之人，这次没带钱也无妨。

而第二位客人，吃饭的时候尽显丑态。才举起筷子就让人看出，他像是饿了几天几夜的人，动作轻浮，举止粗鲁。老板也是由此分析，此人说没钱是假，实际上就是想要赖，想白吃白喝一顿罢了。所以，他不肯轻易放过他。

有时候，嘴巴可以欺骗人，但身体语言却不会。它是实实在在、真真切切的。往往只需要一个小小的动作，就可以将你内心最真实的想法传达出来。比如，当我们看到某个人快速地用手摸自己的鼻子的时候，并不是因为鼻子真的痒了，而是这个人内心存在焦虑，很可能正在撒谎。

当然，在沟通的过程中，会有很多不能直接用语言来表达的信息。这个时候，就需要适当地配合一些肢体语言来进行说明。这种非语言的交流是双方都很需要的，所以，在说话的时候，注意观察对方的肢体动作，也是获取信息的一个重要渠道。

曾经有这样一个故事颇为流行：意大利的著名悲剧影星，有一次接到一个邀请，需要他参加一个宴会。宴会上，有很多外宾都在等着他。大家吃好喝好以后，席间的许多人都表示很想现场看一看这位影星的悲剧表演。他不好拒绝，即兴用意大利语表演了一段台词。尽管台下的客人都听不懂这段台词的意思，但是大家听着他动情的声调，看着他悲怆的表情，都不约而同地流下了同情的泪水。

就在大家都沉浸在一片悲伤之中时，一位意大利人却再也忍不住地笑了起来。他跑出来告诉大家，原来这位伟大的悲剧巨星刚才念的并不是什么剧本台词，而是此时此刻宴席上的一份菜单。

这件事情听来有趣，不过也充分说明了在人际交往和谈判过程中，外在的音调和肢体语言在沟通中起到的重要作用。一个人是充满友善还是敌意，是激动还是淡定，或者是虚情假意还是诚恳待人，是在同情还是在讥讽，都可以通过话语之外的声调和肢体语言表现出来。

在商务谈判中也同样如此，透过肢体语言，可以让双方都有机会去揣摩对方的心理变化，从而促成谈判朝着成功的方向发展。

肢体语言的恰当运用，可以帮助我们把一些不方便表达，不方便说出来，或者不愿意说出来但又迫切希望对方能了解的感情和信息适时地表达出来。所以，肢体语言就是一种追踪心理状态的利器，只有通过多方位的观察，才不会失之偏颇。

如果你希望留给别人一个好的印象，那就从现在起，清除掉你身上存在的那些负面的肢体语言暗示。在说话的时候，注意自己的身体姿势，以避免自己说出来的话和表现出来的行为产生矛盾，从而让别人对你产生不信任和敌意的想法。

表达秘籍

1. 如果一个人从坐下的那一刻开始就翘起了自己的腿，一般人们会认为这个人充满了自信，同时也有很强的企图心和执行力。但如果这个人的躯体保持一种静止的状态，则很有可能代表了他心情的两种极端，即开心或悲伤。

2. 当人们在说话的时候，不自觉地把自己的身体向前倾，表示他对现在的谈话感到很舒适，也很感兴趣。而如果身体向后倾，则表示他可能和你产生了分歧。

3. 在商务谈判里，如果一个人舒展开自己的身体，会被认为是一种霸道的表现。如果是耸肩，则表示他对目前的问题有点不了解，或者存在怀疑。

第3章 模仿是个技术活

当我们对自己的行为感到困惑时，不妨向一些优秀的人学习学习。看他们在沟通中是如何自我解嘲，又是如何赞美别人的。有时候我们需要帮助却很难向别人开口，有时候在朋友和亲人面前说话又会太直白，甚至失去分寸。这些不足之处都可以通过学习、模仿来得到改善和提高。

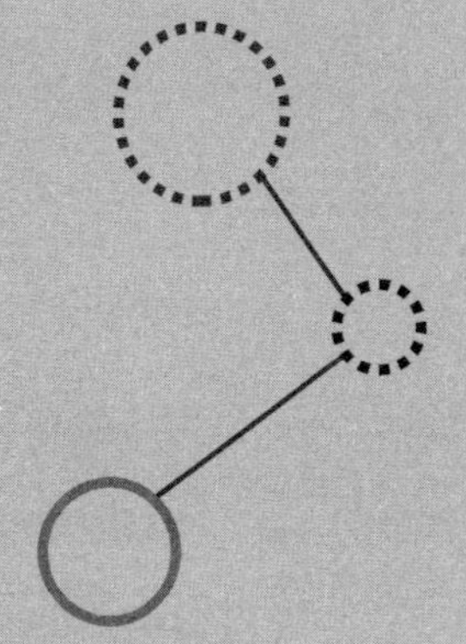

·自嘲是留给自信的人的·

在众多的语言艺术里，很多人会把自嘲当作一种没有退路之后的无奈之举。实则不然，自嘲既是一种自信的生活态度，还是一种难得的人生修养。所谓自嘲，并不是自轻自贱，也不是自取其辱。真正的自嘲是指自己暴露自己的缺点，来进行自我调节。这需要广阔的胸襟和幽默的语言积累。

曾经有人对“哪一类人最容易自嘲”这个课题做过专门的研究，结果得知，越是自信的人，越是敢于自嘲。他们不避讳自己的缺点，甚至还要用一些夸张的说法将其放大，用自己的缺陷和“愚蠢”博得他人一笑。

由此可见，自嘲就是一种独特的处世方法，用一种比较幽默的方式来制造出生活的润滑剂。这种出于自信的表达不仅可以幽默自己，还能给别人带来欢乐。除了幽默和智慧，自嘲包含的更多的是一种乐观和豁达。

乔治·费多从很小的时候就立志要做一个优秀的剧作家，但刚开始的时候，他的作品并没有得到多少人的赏识。连那些很小没有丝毫名气的剧场都不愿意排演他的话剧。一次又一次的失利，让他很受打击。

但为了自己的梦想，乔治·费多始终保持着一种乐观的心态，脸上每天都会挂着微笑。他拿着自己认为最得意的作品四处奔波，到处寻找愿意跟他合作的剧团。令他感到兴奋的是，在自己不断的努力之下，终于有一个小剧院同意和他合作，排演他创作的喜剧。

然而面对一个毫无名气、又完全陌生的剧作者，很多观众并没有表现出多高的热情和兴趣。只是因为门票价格低廉，才保证了一多半的上座率。演出开始以后，观众们看着台上毫无表情的演员和糟糕透了的剧本，不时发出一阵阵躁动。演出到一半的时候，台下已经涌起此起彼伏的喝倒彩声。

演出刚结束，观众们就迫不及待地起身离场，嘴里还叫骂着一些很难听的话。这让乔治·费多很受伤，他一下子瘫坐在舞台上，垂头丧气，无精打采，几乎就要放弃自己的创作生涯。但想了想，又马上调整好自己的心态，继续开始创作一些新的剧本。

后来，一部伟大的剧本《马克西姆家的姑娘》在法国诞生了，在全国上下都引起了很大的轰动。正因为如此，法国还掀起一股创作滑稽喜剧的热潮。但就算是这样一部经典的剧作，在初演的时候也遭遇过巨大的失败。

这部剧的初演是在一个很小的剧院里，和他以前的很多剧本一样，观众并不买账。看着看着，观众就会嘘声一片，还时不时地传出几声叫骂。乔治·费多也因此按捺不住心中的愤怒，他跑到观众最集中、嘘声最响亮的地方，和观众站在一起发出强烈而响亮的嘘声。偶尔还会随着观众自己骂自己几句。朋友们看见以后，都以为他疯掉了，想要走过去把他从观众席上拉回来。但乔治只是拍拍他们的手、微笑着对他们说："我很好，没有疯。只有这样做，我才能最真实、最清楚地听清别人对我的辱骂。同时，也只有这样做，我才能在以后的日子里写出更好的剧本。"

如果不是他的勇敢和坚持，在一次又一次的失败之后还能给自己喝倒彩，微笑着面对失败，那就不会有名留史册的巨大成功。当别人都在否定自己的作品、唾骂自己的作品的时候，他没有选择与这些观众对立，反而让自己置身其中，和他们一起吐槽自己。这样进行自嘲的乐观心态才是促使他最终成功的重要因素，使他认识到自己的不足，然后不断加以改进，才得以写出轰动一时的剧本。

有时候，放下一些自尊，允许别人挑出自己身上的不足之处，而不是一味地维护自己，才能给自己带来成长改进的机会。而承认自己的不足是需要十足的自信的，只有自信的人才能坦然面对自己的缺点，甚至淡定从容地拿这种缺点来开玩笑，来缓解气氛。

每个人身上都会存在这样或那样的缺憾，在一个分工细致的现代化社会，想要做到面面俱到已经是不可能的事情了。所以我们不必为自己的缺点感到自卑，直视它，并努力改变它才是我们最需要做的事情。

王小波和李银河是文艺界一对名气很大的夫妻，但当初他们两人在一起的时候，因为王小波丑陋的长相，李银河曾经还和他分过一次手。

但王小波却从来没有因为自己的长相而心生自卑，反而常常拿自己的长相自嘲，来博李银河一笑。这个方法确实也有明显的效果，让他俩的关系融洽了不少。

王小波曾经对李银河说："我可以带你去动物园看看，当你看见那些爬虫的时候，你就会觉得我好看多了。"

他还说："每次一想到你，我这张丑脸上就泛起了微笑。"

最后，李银河终于跨过了心里的那道坎，嫁给了王小波，那个有趣又爱自嘲的人，成了她生命中重要的一部分。

王小波认识到了自己长相难看，但他并没有把这个当作一个致命缺点，反而自信地打趣一番，让自己的幽默才智掩盖了长相的缺陷，赢得美人芳心。

很多人不敢自嘲是因为害怕丢面子，他们认为在公众场合自己嘲笑自己是一件很丢脸的事情。其实不然，当你笑着向大家讲出你的缺点的时候，别人也一样会笑着接受。而如果你躲躲闪闪，只会显得欲盖弥彰，别人也会更想把你看穿，更想看你的笑话。

对于生活，就是要提得起，放得下，想得开。当你第一次发现自己可以嘲笑自己的时候，就是你成长开始的时候。

表达秘籍

1. 自嘲虽然能化解矛盾、显示智慧，是人们交往的一个必备神器，但也不能滥用。如果用得过于频繁，就会失去吸引力，也就激发不出多大的效果了。

2. 自嘲的时候，不要太失真。如果你把客观事实描述得过于夸张，过于假，会让人觉得做作，表达也就失去了基本的作用。

3. 自嘲是建立在一定的知识基础之上的，在平时的交谈中要善于发现和分析各个事物之间的相关联系，把自己的缺点和优点结合在一起进行联想，才能打下扎实的自嘲基础。

·完美沟通，幽默助力·

现代人十分推崇幽默的人生态度，追求有趣的生活方式。一方面是因为生活节奏的加快和工作压力的增大，另一方面是因为，在很多场合下，幽默风趣的语言能够化解自己的尴尬处境和矛盾冲突。甚至有一项研究结果表明，很多成功人士都具备同一个特质，那就是幽默感。他们往往能够带动身边的气氛，让自己成为人群中的主导。

真正有幽默感的人大都是乐观积极的人，他们不仅能看到自己生活中的美好一面，还能将这种快乐的情绪带给他人。所以，无论是对生活，还是对工作，幽默这个特质都在受到人们的追捧。

有一次，马克·吐温应邀去一个小城镇做演讲。他提前到达了那里，由于离演讲开始还有一段时间，他决定先去理个发。

理发师一边给他做头发，一边和他闲聊："你对我们这个城市的印象怎么样，喜欢这里吗？"

"这是一个很好的地方，我挺喜欢的。"马克·吐温回答道。

"您这次算是来对了，因为正好大作家马克·吐温要过来演讲，这是一次很难得的机会，您一定不想错过的。"理发师继续说道。

"当然，我是不想错过的。"马克·吐温回答道，但是他并没有向理发师透露自己的真实身份。

"那么，您是否已经弄到入场的票了呢？"理发师接着问道。

“还没呢。”马克·吐温淡定地说。

“这就有点遗憾了。”理发师一边说一边耸了下肩膀，然后将双手一摊说：“那可能从头到尾，您都只能站着听了，因为那里是不会有空座位的。”

“对呀，”马克·吐温幽默地说道：“其实和马克·吐温在一起真的很糟糕，每次他一开始演讲，我永远都只能站着。”

理发师在给马克·吐温理发的时候，并没有认出他的身份。但马克·吐温自己也没有向他表明自己就是马克·吐温本人，从而去接受理发师的崇拜与赞美，而是用一种幽默搞笑的方式去自嘲，保持了自己一贯谦虚低调的姿态。

还有一次，马克·吐温在外地的一家旅馆住宿。去之前，他就听别人讲过那里的蚊子咬起人来很厉害。当他在前台办理手续的时候，正好有一只蚊子飞到了他的面前。马克·吐温看到蚊子以后，对服务员说：“我早就听说这个地方的蚊子很聪明，没想到真的如此。它竟然知道提前过来看我登记的房间号，方便它晚上对号光临，从而饱餐一顿。”

服务员听到以后，忍不住哈哈大笑。但是那个晚上，马克·吐温睡得很好，并没有遭到蚊子的侵扰。因为服务员也记住了他的房间号，在他入住之前，就帮他做好了灭蚊防蚊的工作。

要知道，马克·吐温并没有跟这家旅馆直接提出要求说让他们做好防蚊工作。但是他在前台说的那几句幽默的话却让人印象深刻。所以工作人员留意他的房间号，对他格外照顾。这就是我们所讲到的幽默的力量了。试想一下，如果马克·吐温看到蚊子之后，直接跟旅馆工作人员指出，说他们的灭蚊防蚊工作不到位，那可能会引发一系列的争执和冲突。而解决这个问题的，只不过是几句简短的话语。

在电视剧《宰相刘罗锅》里，有这样一个片段：

有一天，皇上召见刘罗锅。他在面见皇上的时候，没有注意到自己身上正爬着一只虱子，那只虱子正沿着刘墉的衣领往上爬，过了一会儿工夫就爬到了他的胡须上。皇上看到以后笑了，但刘墉一点也没察觉到皇上笑的原因。等他吃完饭回家的时候，家吏看见了，提醒了他并要给他将虱子拿掉。这个时候，刘墉才突然醒悟，那会儿皇帝笑了一会儿，原来是因为自己身上爬了虱子。于是，刘墉制止了家吏，还仿用王安石的一句话说："千万不要弄死这个虱子，这个虱子多次爬上相国的胡须，它曾被陛下细细观赏过，福分太大了，你们都比不上它。"

在这里，刘墉就是用幽默的方式来进行自我解嘲，巧妙地化解了自己的尴尬。有时候，当我们陷入到这种局面中去以后，不要把自己的注意力都集中在别人的嘲笑上，认为他们就是跟我们过不去，跟我们有仇，而要敢于直视自己的问题，用包容的心态去看待问题，这样才不会被别人的嘲笑攻击倒。

有一位贵族夫人对法国的作家莫泊桑很是无理，她说："你的小说其实也没什么了不起的，不过我看你的胡子倒是十分好看。你为什么要留这么一大把胡子呢？"

莫泊桑只是淡淡地说了一句："这样至少还能给那些对文学一窍不通的人一个赞美我的东西。"

那位夫人本来是在奚落莫泊桑，说他写的小说没什么大不了，对其极其不尊重。当她把话题转移到胡子上的时候，却反倒被莫泊桑嘲讽了一番。他没有直接用嘲讽的字眼，却达到了很好的嘲讽效果。这一切都是幽默的功劳，虽然只是轻轻带过，但是达到的效果比那位夫人直接说出来的效果还要好。

幽默是智慧的最高体现，它存在于我们生活和工作的方方面面。它不同于那种低俗的恶搞，而是包含了一个人的学识和修养。具有幽默品质的人在交往中总能降低别人的紧张度，让气氛变得轻松愉悦。这种能力，除了被天生赋予以外，后天的修炼也十分重要。通过学习和模仿，一定能够改善和提高自己的幽默能力。

表达秘籍

1. 有时候我们需要对对方有一个足够全面的了解，既要知道他的长处，也要知道他的短处。这样才能将幽默的说话方式在沟通中更好地运用，不至于踩到对方的雷区，给沟通带来麻烦。

2. 幽默的技巧不是让我们去谈论低俗负面的东西，相反，我们要有扬善弃恶的意识。多给人传播正面的信息，多谈论正面的话题。不要拿别人不光彩的事情来做文章，这不是幽默，而是恶搞。

3. 太过隐私的问题不能拿出来讨论，这样不仅不能让人觉得轻松，反而会让人觉得紧张。幽默的同时，还要学会尊重他人，否则会被人视作没有教养。

·聊天时的尴尬感是怎么来的·

两个人在一起聊天的时候最怕什么呢？也许就像五月天在歌里唱过的那样："最怕空气突然安静。"确实，这种前一秒还聊得火热，下一秒就突然陷入无语会让人很尴尬，或者会让原本融洽的气氛一下子就变得别扭。这种突然的冷场迫使人不得不进入到一种没话找话的僵局。还有一种情况就是，旁边一群人聊得很开心，自己却怎么也插不进去话。那么，这些尴尬从何而来呢？或者说是怎么产生的呢？我们又该如何去避免这些尴尬呢？

在某些场合，我们总是希望自己可以寻找到一个对方感兴趣的话题，让聊天顺畅地进行下去。而当我们话题展开不恰当时，聊天就会陷入尴尬，双方都说不出话。如何通过交谈让双方都感到愉悦，同时又不失掉真诚，这门课程在学校里学不到，但工作中又必须会。如果觉得自己没有这方面的天赋，那后天的努力也可以让你变成一个健谈的人。

寻找话题是首先必须要解决的问题，是从自己身上下手，还是从周围环境下手，抑或是从对方身上下手，这些都是要根据现实情况来定的。

年底了，总公司里的董事长下来视察工作，分公司的总经理带着部门张主任出席了接待宴会。董事长很能喝，总经理根本不是他的对手，张主任见状连忙替总经理喝了好几杯，喝完便有些许醉意。见董事长还不尽兴，总经理又提出了新点子，他建议每人都要过一关，并且从张主任这里开始。

所以，张主任就对桌上的每一位轮流猜拳行酒令。等轮到总经理的时候，他有心刻意谦让。但由于喝得有点多了，手指头有点不听自己使唤了。他越是想要让总经理赢，总经理却越是输得很惨。几轮过后，张主任有点过意不去了，他连忙为自己打圆场说："这是总经理对下属的关怀和体谅呀，有意让着我呢。平时可从来没有赢过总经理啊，这一次纯粹是瞎猫碰到了死耗子呀。"

这句话一说出口，正在喝水的董事长没有憋住，水一下子喷了出去。张主任马上也意识到了自己的失言。为了弥补这个过失，他抢过来董事长手中的酒杯，连着自罚了两大杯。总经理一下子面红耳赤，却还是摆出一副无所谓的样子说道："在酒桌上大家就是兄弟，没事，怎么说都行。"

到了次年年初，分公司的岗位调动，大家竞争上岗，张主任却被晾在了一边。刚开始的时候他还想着，也许上面对自己另有他用。有天晚上，他带上自己精心准备的礼物来到了总经理家，一方面想打探虚实，另一方面也想趁机活动活动。没想到总经理跟自己打起了太极，老是装着不知道，打着官腔，就是不说正题。

打探了一番没有得到任何结果后，张主任走出了总经理家的大门，一路上他都在叹息："唉，没戏了，没戏了，这全都是一只死耗子的错呀！"

张主任在饭桌上给了总经理难堪，让他感到十分尴尬。他本来是想让总经理赢的，但却因为缺乏经验，导致自己心慌意乱，一时不知道该说什么，才说了一些让自己懊悔的话。而一旦意识到自己说错话了以后，紧张的情绪就会越来越明显，导致自己说出更多的错话。

面对这种情况，只要我们多多积累经验，并掌握一些应对技巧，就可以挽回这种尴尬的局面。

台湾著名的主持人蔡康永，有一次在《康熙来了》的节目中，专门提到过说话技巧中的细节。他举了个例子，“和女朋友去逛街，买了个摄像头。”这句话如果就这样说出来，显得很平淡，但如果你将它改为：“今天和女朋友在电脑城足足逛了两个小时，最后，女朋友只买了一个摄像头。而她买这个摄像头的目的竟然只是为了和另一个男生聊天，并且还要坚持自己买单……”

这样一说，马上就变得有趣多了。细节表达得越充分，给人的印象就越深刻，聊天也就越成功。在生活中，如果你想要快速地和一个陌生人熟悉起来，就要学会运用这种聊天技巧，打破冷场的尴尬局面。

还有个问题我们很多人都碰到过，就是我们总是想当然地认为自己比较熟悉和喜欢的东西，别人也一定会了解并喜欢，所以聊天的时候就喜欢滔滔不绝地讲这些自己内行的东西。但问题是，假如对方对你所说的一点都不熟悉，一点兴趣都没有，那么听你说话就是一件相当费劲的事情。更严重的是自己只能呆呆地听着，插不上话，参与不进去，就会觉得索然无味。

除了这个只聊专业领域的大忌以外，还有一种线性对话也是聊天中很不提倡的。因为这种对话方式不仅乏味，还很浪费时间。我们不妨先看看下面的对话，以此来进行分析。

比如说，一对男女初次见面聊天。

“你今年多大了？”

“27 岁了。”

“你老家是哪里？”

“广东的。”

“广东哪里啊？”

“佛山。”

“佛山哪里？”

“你这是在调查我的户口吗？问这么多干吗。”

这段话说到这里就很不好继续了，男女双方都会陷入一种无话可说、不想再说的境地。

又比如下面这段对话：

“你平时喜欢看书吗？”

“嗯，比较喜欢。”

“那你喜欢看什么类型的书？”

“小说啊。”

“什么样的小说呢？”

“武侠类的小说。”

“什么样的武侠小说？”

“古龙写的。”

“你喜欢他的什么小说？”

“都还比较喜欢。”

进行到这里的时候，双方都陷入了沉默。于是冷场三分钟，喝水，翻手机，再使劲寻找新的话题。

这样的对话在生活中是不是也很常见？这就是我们所说的线性对话，说话人的思维始终都在一条线上，只要一开始提出一个话题，就会一根筋地往下跟进。最后所达到的效果往往就是越聊越乏味，成了名副其实的“尬聊”。而且对话双方都会觉得受到了逼迫，一点也不自在。

既然有线性对话，那就一定存在非线性对话。通过以上事例，我们也不难感受，非线性对话就是在一个话题展开的过程中，运用自己活跃的思维去对话题进行扩展和延伸。这样就会不断地得到一些新的想法和话题，可以让聊天变得流畅、自然、有趣味。

比如，接着上面的对话，我们稍加修改：

“除了看书，你还有哪些别的爱好呢？”

“哈哈，除了看书，我还特别喜欢吃，我就是一个实实在在的吃货。”

“那你特别喜欢的美食有哪些呢？”

“我最喜欢吃的就是火锅了，每次出去玩，我都会寻找各地的火锅。”

“吃火锅你喜欢辣辣的还是喜欢麻麻的？”

“我吃不了太辣的。”

“其实我也是，上次和同事去重庆玩的时候，吃了个火锅，差点没辣得哭出来。”

……

这段不长的对话里，其实有了很多线索。既了解到了对方平时的兴趣爱好，也知道了个人的口味偏好。它不像线性对话里的那样，像是在给对方一个调查采访，机械又死板。这种方式就很恰当地抽取了对方话里的关键词进行扩展提问，给了双方一个讨论的空间。

不管是寻找话题还是展开话题，都有很多种方式，找到适合自己的一种，勤加练习，总能在交际中变得自如。

表达秘籍

1. 与他人交谈，就是一种互动，所以寻找共同感兴趣的话题很重要。

2. 避开对方不想谈论的敏感或者隐私话题，如果对方眼神闪躲，或者敷衍打岔，你就不要再刨根问底了。

3. 如果觉得没话可说，可以就近从周围环境入手，寻找话题。对你看到的事物进行联想，形成一个聊天的话题，也是很便捷的方式。

·学会如何赞美别人·

在人际交往的过程中，喜欢听到表扬和赞美性的词汇似乎是人的一种天性。赞美不仅会使他人愉快，还会让自己得到良性回报从而愉悦自己。所以当你开口去赞美别人的时候，就已经为自己的人际关系打下了一个良性循环的基础。在心理学领域，赞美被看作一种正性刺激，而批评则被视为一种负性刺激。我们要想增加自己与他人在交谈中的舒适感，就要学会给对方正性刺激。

但赞美也并不是一味地说好听的话。花言巧语和甜言蜜语不能被归为其中。我们要根据对方的文化修养和性格特征等不同的因素来给予赞美，让你说出来的话恰好能满足对方心理情感的需求，协调好人际关系。那么我们该怎么去做呢？

当我们在赞美别人或者接受别人赞美的时候，我们会感到身心愉悦的原因就在于这些赞美的话让我们变得与众不同，让我们变成独具特色的人物。所以如何把赞美之辞说得与别人不一样就显得很重要。爱因斯坦曾经提到过自己的经历，他说每次听到别人赞美他思维能力强，很懂得创新的时候，他一点都高兴不起来。因为，作为一名知名科学家，这样的赞美实在是太多了。而如果突然有个人跳出来跟他说他拉的小提琴很好听，那他一定会激动不已。

莹莹是学校里公认的校花，她不仅长得漂亮，学习也很好，还有很多才艺，唱歌尤其好听。学校里每次举办晚会的时候都少不了她的歌声，她成了一个名副其实的校园小歌星。这么优秀的她，身边自然有很多追求者，但她一个也没有挑中。

有一次元旦晚会，莹莹和往常一样，又为大家带来了一首精心准备的歌曲。唱完之后，台下掌声雷动，一片喝彩。当她下台走回观众席的时候，身边的人都对她赞不绝口，夸她的歌声太美了，让人陶醉。但她都不为其所动，径直往前走自己的路。

这个时候，旁边有个学弟站了起来，他真诚地对莹莹说："学姐，刚才看你在台上一边唱一边跳，我发现其实你的舞跳得很棒啊，和你的歌声一样棒，真是厉害了！"莹莹听到这句话，不禁抬头看了看，脸上露出了开心的笑容。他们俩于是就此聊了起来，这让旁边的人都羡慕不已。

莹莹平时听别人夸奖自己的歌声已经听到发腻的程度了，所以不管再有人怎么去说她的歌声好听，都成了一种陈词滥调，她已经听不进去了。而头一回听到别人夸自己跳舞很棒，自然就来了兴趣，想要听到更多的内容。所以莹莹才会开心地和那位学弟聊起了天，而别人却只能在旁边巴巴地看着。

在我们看来，真正会赞美的人都是独具慧眼的人，他们懂得如何另辟蹊径，寻找对方身上常人发现不了的优点。

正如法国大文豪巴尔扎克曾经说的："第一个将女人形容为花的人是聪明人；第二个将女人形容为花的人是一般人；第三个再将女人形容为花的人就是笨蛋了。"

在一次大型的聚会现场，来了一位著名的作家，他的作品正受到大家的追捧。有人对作家称赞道："您真是一位伟大的作家，写出来的作品也是如此了不起，我们太爱您的作品了。”

可是这个称赞却并没有打动作家的心，他对此无动于衷。在他看来，自己在文坛上已经是一个红人了，所以大家追捧自己的作品无可厚非，甚至是理所当然，这是毫无争议的事实。

过了一会儿，又有人过来和这位作家打招呼，他一边握着作家的手，一边用另一只手指着作家的鬓须说：“大师，您的鬓须可真是与众不同，太独特太有魅力了。”这句话一说出来，作家马上便露出了笑容。

原来，他一直都对自己的鬓须感到很满意，但是却从来没有人注意过，更别提有人对此给予称赞了。今天偶然听到有人这么一夸，心里自然是很高兴。对于给予赞扬的这个人，自己也是另眼相待。

没有人云亦云，而是发掘不一样的特点去给别人一些新的刺激，反而创造了更好的效果。

除了这种独特赞美法，还有一种方法称为细节赞美。所谓细节赞美就是对对方的一个非常细致、具体甚至私人的优点进行赞美。它不同于“你好漂亮、你的衣服真好看”之类空洞的话语，而是言之有物，恰到好处。比如我们可以将“你好漂亮”改为“你的眼睛真大”，将“你的衣服真好看”改为“衣服的颜色与你的气质真搭”等。

人的耳朵都是“喜新厌旧”的，所以对于赞美我们也需要不停地去变换语言的花样，而注重细节的赞美更能带给人心灵的愉悦。有一家美容院为了给顾客提供更好更优质的服务，特地制作出了一份精致的“赞美卡”。当店里的服务人员发现顾客身上值得赞美的地方的时候，就会将她所看到的在卡片上写成一些动听的语言，然后将卡片送给顾客。

刚开始的时候，顾客还有些不适应。但这家美容院依然坚持这个小小的举动。后来，如果走的时候没有人送上这样的卡片顾客还会觉得不习惯。而美容院里老顾客的流失量少之又少，新顾客也接踵而来。这些赞美，如果只是一些泛泛之词，可能并不会得到顾客的赏识与肯定，正因为她们看到了细节，从细节入手，才让顾客对此产生了好感。

有一个大型服装企业的女老板，每一年去香港的时候，都会光顾一家很小的鞋店。并且每一次买鞋，都是大手笔，会花掉很多钱。当她第三年再去的时候，鞋店店主终于忍不住好奇之心向她问道：“为什么每年你都会来这里买鞋呢？是为了捧谁的场吗？”

女老板并不着急回答，而是抬起了手微笑着对她说：“可能你都不记得了，三年前，当我第一次在无意之间逛到这家店的时候，你第一次见到我就惊呼我戴的这个手表很特别。不错，这个手表是我花了五十万人民币在瑞士特地订做的，外表很普通，一点都不张扬，但却与我的个性很相符。我戴了这么久，你是第一个也是唯一一个注意到它的人。既然你我眼光相合，品味相近，那么我就相信的你的商品也是适合我的。”

细节之处见真情，可能很多人也说过这块表贵重、好看之类的话，但鞋店店主却能发现它更加细节的特点。就这一句话，换来了一个忠实的顾客。

赞美本身就具有一种推动人前进的力量，也是存在于每一个人内心深处的心理需求。就如一句谚语说到的，赞美就像空气，每个人都不能缺少。学会发现别人身上的优点，经常又恰到好处地去赞美别人，别人就会对你产生更多的好感，也就会更加喜欢你。所以，去赞美别人，既是对别人的肯定，也是给自己的认可。

表达秘籍

1. 赞美最重要的一个原则就是真诚，要实事求是地去赞美他人。这样你说出来的话就会更加真实可信。如果违背了事实，你所说出来的赞美只会让人听着像拍马屁。

2. 赞美之辞不要说得过于明显，让人一听就知你是在赞美。有时候这样的方式不仅得不到别人的肯定，还会招来一些厌烦。比如对领导，不能直接说“你好棒”等客套之话，而是要针对他某一件具体的事情来给予赞美。

3. 即使是在真心地赞美别人，也要知道适可而止。如果反反复复地说多了之后，就会有一种刻意讨好之嫌，让对方对你产生防备之心。

·求助，没你想的那么难开口·

在这个崇尚独立自主的社会中，很多人都有一个困惑，那就是不知道如何开口向人求助。他们会认为有求于人是一件难为情的事，而且总是担心自己说出来的请求会让别人为难，所以就是带着这样的负担，让一句“我能请你帮个忙吗？”这样简单的话在脑子里转了无数个圈，最终还是难以将其说出口。其实，只要你掌握好了方法，开口求人并没有你想象中的那么困难。

当我们想要找别人帮忙的时候，除了直接对他说出你的请求以外，还可以换个角度思考一下。我们可以想一想，别人帮你这个忙，能够从中获益些什么。如果能从这个角度入手，那么你说出来的请求也就成了一件双方互利的事情。

比如说，你想找人和你一起出去陪一个朋友吃饭，你又担心他会因为与你朋友不熟而拒绝你。你就可以这样说：“今天晚上有时间吗？陪我一起去和一个朋友吃饭吧。我担心只有我们两个人的话会冷场，这样就有点尴尬。他就是学 ×× 专业的，你之前不是一直都很想有机会了解一下这个专业吗？正好今天你们可以好好聊聊。”

虽然你是求助的那一方，但如果能这样说的话，就相当于传递给了对方这样一个信息：他帮助你，他自己也能从中获得一些比较有用的东西。所以这样一说，就不像是在求人帮忙了，而更像是在做一件互利互惠的事情。

有一次，著名的相声演员姜昆在上海演出。演出完毕以后，上海很多家新闻媒体都过来采访，但却被姜昆一一回绝。这些记者都非常失望，只好打道回府。

这个时候，有一位女记者却依然没有放弃，她再次敲响了姜昆所在的房间的门。她对姜昆说："姜昆老师，我从小就是一个相声迷，也很喜欢您的作品，经常关注您的演出。今天我过来，主要是想和您谈一谈您在演出中需要注意的一些细节问题。"姜昆听完之后，觉得这位记者是为了帮助自己给观众呈现更好的演出，所以就十分热情地接待了她。

这位女记者从帮助姜昆注意演出细节入手，巧妙地说服了姜昆接受采访。而姜昆之所以拒绝了别人，接受了她，主要也是因为别人只是想从他这里挖一些新闻，没有能够吸引他的一些东西，所以才婉言谢绝。

所以，当我们向别人开口的时候，应该考虑一下，别人凭什么就要帮你这个忙呢？我们如果能考虑一下对方的需求，事情将变得容易很多。因此，在求人的话说出口之前，先思考一下你能为对方提供什么样的好处。

在心理学上，有一种效应叫作门面效应，意思就是，为了让你提出来的请求得到满足，你可以先向对方提出一个高于你心理预期的要求，然后等对方拒绝以后，你再主动降低你的要求，这样达到你真实目的的可能性就大了很多。因为，人都有一种补偿心理，当他们拒绝过你的大要求以后，一般都会接受你再次提出来的小要求。

小林最近看上了一件大衣，她在店里试了好几遍了，无论是对大衣的版型还是颜色，都十分满意。可是一看价格，她瞬间就冷静下来了。如果买下，回家以后不好跟老公交待，一千多元买一件衣服还是有点奢侈的，可是她又实在喜欢得很，于是心里很犹豫。

这天下班回来，她烧了几个好菜，和老公一起吃了个饭。收拾完以后，就和老公一起坐在沙发上看电视。

小林像报道新闻一样对老公说:“你知道吗？萌萌她老公上次去上海出差，回来的时候花了一万多块钱给她买了个手镯，萌萌可开心了，天天戴在手上，逢人就要显摆一下。旁边的人虽然嫉妒，却也只能说说酸话，毕竟她老公对她那是真好。”

老公听完以后，看了看她说：“我平时对你不够好吗？”

小林说：“虽然你没有为我买过那么贵重的礼物，但是这样的日子我已经很满足了。而且你对我的好是不能用金钱来衡量的。”

小林说完以后，老公非常感动，一把将她抱在了怀里，并说周末的时候带她去逛街，也买一个贵一点的镯子，戴上以后让别人也来羡慕羡慕她。

一到周末，小林就把老公带到了自己试过衣服的那个商场。他们先是在一楼逛了好几圈，最后小林假装看上了一个八千多的镯子，试来试去。在一旁的老公看见以后，对她说：“如果你真的这么喜欢的话，要不就买下得了。”

小林有些不舍地放下那个镯子，对老公说：“算了，太贵了，等以后有钱了再说吧。”

说完就将老公拉走了，去了那家卖大衣的店里。

她又拿起那件大衣试穿了起来，穿完之后在镜子前转了几个身，温柔地对老公说：“我很喜欢这件衣服，如果能买下来就好了。”

老公一看价格才一千多，比刚才的八千多便宜了不少呢，所以二话没说就去收银台付款了。小林则高高兴兴地穿上了自己喜欢已久的大衣，老公还在一旁夸奖她懂得勤俭持家。

这就是门面效应在生活中的一个极好运用，小林本来想要的就是那件大衣，可是她却用同事一万多的镯子和商场里八千多的镯子作为引子，来让老公心里对一万多、八千多和一千多产生一个价格差。当本来要支付的一万多、八千多变成了一千多的时候，他就觉得自己捡了个大便宜，自然毫不犹豫地就买下了那件大衣。

如果小林直接向老公提出一千多买大衣的要求，可能会招来老公的反感，甚至引发一些家庭矛盾。所以这种以退为进的方式，也是一种请求他人时比较好用的一招。

有趣的是与门面效应相对应的还有一种效应称为登门槛效应，意思就是别人在接受你一个微不足道的请求以后，为了想要给你留下一个前后一致的印象或者为了避免认知上产生差异，通常都会接受你对他们提出来的一个更大的要求。

有一个故事讲的是一个男子带着一头骆驼在外旅行，天黑时分，男人将自己随身携带的帐篷支了起来准备睡觉。到了晚上，外面的狂风刮得黄沙满天，骆驼就将自己的头伸进了帐篷。这个男人天性善良，觉得骆驼只是伸了个头进来，并无大碍，就没有太多在意。

而在这种情况之下，骆驼竟然一点一点将整个身躯都挤进了帐篷。那个可怜的男人呢？早已经被骆驼挤出了帐篷之外。

关于这个故事，我们可以设想一下。如果骆驼从一开始就直接将整个身体挤进帐篷，男人又是否会同意呢？正是因为骆驼像登台阶一样，一级一级地推进，才能最终得逞。

看来，求人帮忙这件事说简单也简单，说复杂也是真的复杂。但通过上面的分析，我们应该能得到一些有用的信息，知道怎么样说出自己的请求别人才不会拒绝。只要抓准了对方的心理，话就变得容易说了。

表达秘籍

1. 不管你跟别人提出了什么样的请求，对方都只会在自己力所能及的范围之内给你提供帮助，不会说为了想要帮你而将自己毁掉。所以你的请求不要给对方带来太多困扰，这样就会少遭到一些拒绝。

2. 在你请求他人之前，先提前把自己的要求具体化。不管是谁，都不可能在不了解具体事实的情况之下来为你提出一个解决方案。所以你就要明确地讲出你的目标以及达到目标所需要的帮助，这样别人才能衡量是否可以答应你的请求。

·对亲密的人说话也要有分寸·

有时候语言可以很美，而有时候，语言又会很毒。因为在感情里，除了刀可以伤人以外，语言也可以把人伤得体无完肤。之所以语言会有如此大的威力，是因为在一段亲密的感情之中，我们的心不会有丝毫的防备，而且我们也了解对方的软肋。所以我们说起话来总是肆无忌惮，一不小心这些话就会成为直达对方内心的利器，将他们伤到心碎。

所以，即便是在最亲密的家人和朋友面前，我们也不能口无遮拦，想说什么就说什么，而应该懂得适可而止，相互尊重。我们的分寸不是只能给予关系疏远的外人，而更应该给关系亲密之人。有句话说得好，我们做过的最愚蠢的事情就是将最好的脾气留给了陌生人，而将最恶毒的语言留给了自己最亲密的人。

有三个女孩子小马、小溪和小静，她们从小感情就特别好。由于年龄相仿，她们都在同一年结了婚，并且想出了一个维持这份感情的绝好办法，她们在同一个城市工作，并且打算在同一个小区买房子，一直这样生活下去。一年以后，小马生下了一个女儿，小溪和小静分别生了个儿子。聚在一起闲聊的时候，她们总是相互之间开玩笑，要给自己的孩子定下一门娃娃亲，所以生了儿子的小溪和小静总是抢着和小马成为亲家。这件事情似乎让她们的感情变得更加坚固了，但是这份坚固的感情却在前不久经历了一个不小的风波。

在一次春夏换季之时，小马的女儿不慎染上了手足口病。平时她们三个都是抱着自己的孩子在一起玩，现在小马的女儿突然生病了，弄得大家都很担心，尤其是小溪和小静，她们很担心自己的孩子会被小马的孩子传染，也得上手足口病。

她们各自在心里盘算，如何才能避免自己的孩子被小马家的孩子传染。其实大家都知道，最好的办法就是避免接触，将小马的孩子隔离治疗。可是这样一来，问题也就出现了，她们要怎么向小马开口表达这个意思呢？

平时，小溪是一个直心肠的人，她的年纪是三个人里最大的，所以一直都是这个小团体里的大姐大。现在知道小马的女儿生了手足口病，一下子惊慌失措，害怕自己的孩子也会马上生病。所以她赶紧打电话给小马说："刚刚听说你家孩子生病啦？还是什么手足口病？真是不得了，你这几天最好不要带着她到处乱跑了，还有，最近这段时间，你就不要来我家了。"

其实，就算小溪不说这些话，小马自己也能考虑到。她原本就打算最近这段时间要对孩子进行隔离治疗，在她完全康复之前不会带她出去和别的小朋友玩。可是，听了小溪的这番话以后，她气得直接挂断了电话，晚上饭也没吃，憋了一肚子气。等老公回家以后，她就开始对老公满腔怒火地控诉小溪的行为。她说："没想到小溪是这样的人，真是看错了她。"

她觉得，作为这么多年的好姐妹，如果她是用这种方式指出我平时生活中做得不够好的地方，我肯定非常服气。但现在是我的孩子才有一点点不舒服，她就直接告诉我让我别去她们家。这不是明摆着歧视我的孩子吗，我真的没办法接受。事后，小溪对此事也给出了自己的解释，表明自己并非是那个意思，但在小马心里，依然有挥之不去的阴影。所以，她们两个人之间的感情出现了一条无法修复的裂痕。

对比之下，在这件事情中，小静的表现却堪称模范。她听说小马的女儿生病之后虽然也会担心自己的孩子会被传染，但是她并没有直接去表达这种意思。等她做好准备之后，也拨通了小马的电话，然后不急不躁地对小马说："马啊，听说咱的宝贝儿生病啦？现在是什么情况啊？"

小马说："对呀，刚刚才到医院看过了，不过现在情况已经稳定下来了，不用担心。"

小静接着说："情况稳定下来就好，只是现在又要打针还要吃药，孩子跟着可是真的受苦了。不过你也不要太担心了，你现在要做一个强大的妈妈，这样才有能力去保护好自己的宝宝，明白吗？"

小马听到这些话，心里顿时暖和许多，心情也变得好了起来，连声说着谢谢，并告诉小静说："只是最近这段时间，孩子出门玩不太方便了。医生交代过，小孩需要隔离治疗，这样对宝宝的恢复比较好一点。"

小静一听，马上也忧心忡忡地说："唉，是呀，你家的孩子不能出来玩，我家的孩子也跟着难受啊。这不，天天跟我嚷嚷着要找你家的妹妹。我只能安慰他，等妹妹的病好起来了以后，我就带他们一起去游乐场坐飞车。听我这样说，他才破涕为笑，喊着要和妹妹一起坐飞车呢。"

电话挂掉以后，小马情不自禁地说了句："小静真是会说话，会做人啊。"

在亲密的人之间，我们能把握好说话的分寸才能增进彼此之间的感情，否则，原有的良好感情基础会遭到破坏。

阿尔莱曼是一位知名的学者，在当地非常有名。大家举办一些重要活动的时候，都会邀请他参加出席。一旦有他的赏光加入，主人就会觉得很有面子。这天，他收到了一个来自好朋友的邀请函，让他参加自己儿子公司的开业庆典，并献上一点祝词以带动现场气氛。

这位朋友和他已经有了很多年的交情，关系非常好，被很多人视为一位不可多得的知己。所以阿尔莱曼欣然接受了这份邀请，回到家以后就对自己的妻子说："我一定要好好写一篇演讲稿，不仅让朋友满意，还要让在场的每一个人都感受到快乐。"

于是，当天晚上他就花了好几个小时的时间写出来一篇演讲稿。因为自己比较重视，所以对稿件反复修改了好几次。第二天吃早餐的时候，他特意拿出稿子来念给妻子听，希望能得到一些意见和反馈。

但他念完以后，妻子却觉得这篇稿子写得一点都不精彩，有点像评论性的稿件。所以妻子毫不留情地就对他说："亲爱的，我觉得你写得真的不怎么样，这种稿子完全跟那种场合搭不上边。我甚至在想，那些听你演讲的人会不会在中途睡过去。你说你平时不是挺有学问的吗，怎么写出来的稿件这么没水平呢？你是不是想毁掉自己一直以来的声名呀？"

妻子的话让阿尔莱曼很不高兴，他瞪了妻子一眼，沉默地出门了。妻子却还在背后追着说道："你这个稿子一定要再改改，就这样是绝对不行的，你要为你自己的身份想想。"

此刻的阿尔莱曼气愤极了，十分生气地说道："我是不会改的，反正我也不怕声名扫地。"

阿尔莱曼上班以后，同事一眼就看出他情绪不是很好，就问他："今天天气这么好，你为什么却这么不开心呢？""别提了，自己熬夜赶出来的稿件，还遭受到了打击，心情当然好不起来了。"阿尔莱曼垂头丧气地将事情的原委说给了同事听。同事向他要稿件，想要看看他写的内容。

看完之后，同事笑着对他说："阿尔莱曼，像你这么优秀的稿子要是发给杂志评论，他们一定会非常开心的。"

阿尔莱曼听完之后笑了起来，他对同事说："回去以后，我还是将稿子好好改改吧，这可不是给评论社的稿子啊！"于是，阿尔莱曼又怀着愉悦的心情将稿子改了又改。后来在朋友儿子公司的演说中，获得了一致的好评和欢迎。

同样都是在提意见，阿尔莱曼的妻子却将话说得太过直接，一点情面也不留。她可能觉得阿尔莱曼是自己的丈夫，所以不需要注意那么多，直接指出来就可以了。但她这样做的效果却并不尽如人意，反而惹得丈夫生气愤怒，对自己不满，也放弃了再次修改的念头。阿尔莱曼的同事呢，却把话说得婉转含蓄，让正处在忧郁之中的阿尔莱曼一下子就豁然开朗，立马决定回家以后好好修改一番。

所以，再亲密的人也要懂得为他留一个台阶，这样才能达到有效沟通的目的。

表达秘籍

1. 只有懂得互相尊重，才能静下心来好好交流。

2. 有些话要把握好度，点到为止，多说无益。

3. 分清场合，多顾及一下对方的感受，这样才能换来对方对你的体贴。

·理直要气和，得理要饶人·

人与人之间的相处过程中，有些时候难免会产生一些矛盾。两个人之间的据理力争会让矛盾越变越深。一般认为，那些在生活中得理不饶人的人与他们的性格和修养有很大的关系。其实，在平时的工作和生活中，这种情况也很常见。一旦有人觉得自己在道理上占了上风，便会揪住对方的缺点不放，穷追猛打，一定要逼到对方投降。

俗话说，人无完人，谁都有犯错误的时候。我们就算再有理，也要懂得谦让三分，不要执着于表面上的胜利，只有这样，我们才能越走越远。如果我们为别人留下一份尊严，留下一条退路，别人也会给我们感激和尊重。我们从别人那里也会多一条退路和一份尊重，而少一个敌人和一份反对。

林峰在一家企业做软件工作，公司里开发的相关程序照道理上来说都是一些很重要的机密文件。但有一个软件快开发成功的时候，林峰却被另一家企业以重金相邀，希望他能透露一些秘密给他们，并跳槽到他们公司。面对金钱的诱惑，林峰很快就受到了动摇，最后终于没能把持住，将公司开发的一些基础小程序透露给了对方。

很快，他的这一行为就被部门经理发现了。经理十分气愤，早已经想好要怎么处置他了。但老板知道情况以后，马上阻止了经理，让他不要那样做。为此他专门腾出时间，从国外坐飞机回来约见林峰。林峰见到老板以后，一下子变得局促不安，他以为老板肯定会扇自己一个大大的耳光，然后将自己痛骂一顿再去法院起诉他。因为自己有错在先，自己的行为已经严重违背了公司的制度，给公司带来了损失。

可是在办公室里面，老板亲自给林峰倒了一杯水，让他坐下以后，就语重心长地对他说："林峰，公司里出现这样的事情，首先我是要承担一定的责任的，是我管理疏忽，才出现了这样的纰漏。一直以来，我都很看好你，像你这么优秀的人才，不管走到哪里都不会愁找不到一份好工作，因为你的能力我们都是有目共睹的。但在公司里，只要你自己不愿意去遵守那些规定，只要你自己一心想要破坏那些规定，恐怕谁也拿你没办法。你今天是被钱所收买，对方也仅仅只会收买你这一次，他们是绝对不会重用你的，因为他们肯定会担心你哪天再被别人收买了。如果这一次，你执意要走，到了那家公司以后，一定要做好保密工作，好好遵守他们的公司制度，不要一直心浮气躁，这样你才会有一个不错的发展。"

林峰听完这番话以后，深感自己做得不对，连声向老板道歉，希望老板能再给他一次机会。老板用这种方式为自己的公司留下了一个人才，同时也避免了更大的损失。

在这件事情里，林峰很明显是理亏的一方，而老板则是得理的一方。但老板并没有不依不饶地要去追究林峰的责任，反而主动将责任往自己身上揽。这样的胸怀和气度，想不成大事都难。换个角度，如果老板对林峰大发雷霆，愤怒地指责他，甚至在林峰认识到错误以后还依然不肯饶恕他，那么结果又会是什么样的呢？很有可能林峰在一气之下就投奔了别的公司，既带走了公司的技术又带走了公司的软件机密，对公司来说是一件很不利的事情。

我们的语言是用来化解而不是激发矛盾和丑恶的。作为一个成年人，我们遇到问题以后，要心平气和地好好说话，而不是暴跳如雷地用语言去攻击对方，这种表达不满的方式，只能证明我们思想上的不成熟，行为上又缺少教养罢了。

于右任是我国著名的书法家。他迁居到中国台湾省不久之后，很多商人知道了他的名气。为了给自己的生意做营销，这些商人总会在自己的店门口挂一幅字，并声称是于右任为自己题写的招牌。其实在这些招牌中，只有一部分是真的，剩下的都是赝品。

有一次，于右任的学生愤愤不平地回到学校找到他说："老师，中午我在一家小饭馆吃饭，您猜我看到了什么？小饭馆竟然挂着一幅以您的名义写的招牌。青天白日的，这些人竟然公然愚弄大众，真是太让人生气了。"

于右任听完这话，放下手上正在练习书法的毛笔，显出一副很惊讶的表情，慢慢地问道："那你看到的那块招牌上的字写得如何呢？"

学生撇撇嘴说："就那字哪能跟您的比呀，特别难看。"

于右任听完沉思了一会儿说："如果是这样可不行，字太丑的话我就得想办法把它给换下来。那么难看的字，如果被别人看到还不要耻笑我？"

说完，他又向自己的学生问道："那家小饭馆有什么特色？店名叫什么？"

"那是一家主打面食的饭馆，羊肉泡馍做得还算地道。"

听完之后，于右任便起笔挥毫在纸上写下大大的几个字"羊肉泡馍馆"。写完之后，他又在落款处写上"于右任题"几个字，随后还盖上了自己的印章。所有的工作做完以后，他命自己的学生把这幅字给饭馆老板送过去。

小饭馆的老板得到这幅真迹的时候，心里非常激动，赶紧撤掉了以前的那块招牌，将这幅真迹换了上去。并向这位学生表达了对于右任的歉意，同时也对于右任的此份恩德表达了感激。不久，这件事情便在民众之间传开了，而于右任的名声也变得更加响亮起来。

其实，自己的名字被盗用，很多人可能会一气之下找到饭馆老板当面进行对峙。毕竟在这件事情上，自己是占理的一方。而且作为一位声名鼎沸的大书法家，想要起诉小小一家饭馆还是很简单的事情，但出乎意料的是，于右任先生并没有做出这个选择，反而将错就错，将自己的真迹馈赠给老板，不仅解决了赝品问题，还赢得了各界赞誉，一举多得。

在得理的时候，我们就要少计较。这样才能维持一个关系的平衡，不至于引发冲突。

每个人都有动物性的一面，在极度愤怒和屈辱的情况下，这种动物性就会被激发出来，对别人进行攻击和伤害。我们如果能好好说话，得理饶人，就可以在尊重别人的同时又保护了自己。言语上的退让并不就是软弱无能的表现，相反，逞一时口舌之快，才会将自己陷入险境。

蔡康永曾经说过，把说话练好，才是一件最划算的事情。我们与别人的沟通大部分都是通过语言来实现的，所以说话的成败决定着人际关系的好坏。理直也不要气壮，得理也要饶人。态度谦恭，虚怀若谷，才是正确的处世之道。

表达秘籍

1. 与对方理论的时候，即使是对方错了，也不要把话说得过死过硬。而要用影射之语去暗示他，迫使他承认错误并道歉，用一种体面的方式来结束这种毫无意义的争论。

2. 不要以硬碰硬，而要善于以柔克刚，这样不仅可以用智取胜，还能化解掉无理一方的怒气与冲动。

3. 要懂得给别人台阶下，避免用刺激性的词语来扩大矛盾与冲突，影响感情。

第4章

沟通有术，三思而后说

很多人因为说话太直接得罪别人却不自知，还要将这种行为美其名曰："直白"可是这种不经过大脑的直白往往很难让人接受。人际交往本来就是一张很复杂的网，如果因为自己一句不经思考的话让别人对你耿耿于怀，就得不偿失了。所以，说话前一定要三思。

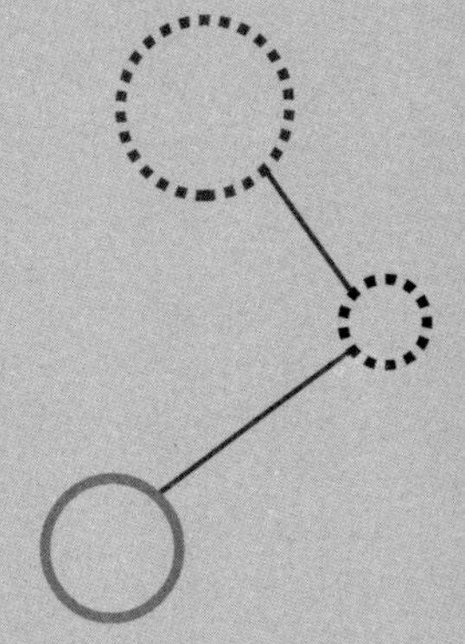

·沟通无障碍，话题需转移·

当一个话题谈到一定程度的时候，人们对此话题的兴致就会降低。这个时候就需要我们停止对此话题发表意见，来起一个新的话题，这就是话题转移。此外，在与别人的交谈过程中，任何的话题都有可能带来分歧和对立，为了不让这种僵局持续发酵，作为其中交谈的一方，也应该巧妙地进行话题转移，缓解这种局面以打破僵局。这样才能让谈话继续，不至于让双方的交谈长时间地冷场。

生活中，当你遇到一些你不愿意回答的问题的时候，本能地就会想要岔开话题。但是这个时候，身边总会有人不肯罢休，揪着你让你别扯开话题。美国前国防部长麦克纳马拉总结过一个生活经验：在这种情况下，你要回答你想回答的问题，而不是别人问你的问题。其实这依然还是一种转移话题的策略，你可以给出一个答案，只不过这个答案回答的并不是这个问题，而是与这个问题很相似的问题。这样可以让提问者暂时忘记刚才他提出来的问题。

有两个公司的代表们在就公司合作事宜进行谈判，但双方因为一些事情起了争执。甲公司代表提出：“根据我们两家公司以往合作的经验，我还是很期待你们公司能就这次我们提出的要求给予答复的。如果我们三天之内没有收到你们公司的任何说明或解答，那我想，我们公司跟你们实在也没什么好谈的了。”

而乙方公司代表则表示：“其实针对这个问题，我们一直都在给予答复。

很早以前我们就说过，我们现在的公司规模还不够大，你们对我们提出来的要求我们无法一一满足。如果你们公司能稍微将要求降低一点，我们也不会感到如此为难。这样我们还能愉快地合作，而且现在就可以签订合约。”

甲方公司代表则摇头表示：“我们公司一向都是高标准，严要求。所以这一次如果让我们降低标准和要求，那我们之间就没有任何可以商量的余地了。我也无话可说了，现在就告辞。”说完，他就准备马上起身走开。

但这个时候，乙方公司的一位代表马上开口说道：“我们大家就这个合作事项整整说了一个上午了，早就到吃饭的点了，相信大家的肚子都已经饿了吧。正好这附近有一家餐厅，里面的菜肴做得特别好，非常值得尝试一下。所以，有什么问题我们先放下，吃完饭再说。吃饭最重要，别的事情都好商量。”甲方听乙方这么一说，也觉得肚子确实饿了，所以就同意一起去吃饭。在餐厅坐下来以后，他们相互聊起了对方所在地的特色菜，氛围也相当融洽。

在这个情景之中，本来甲方都已经要准备起身离开，合作谈判的局面也要转为僵局。如果双方仍然在这个话题中持续，那后果可想而知，双方的合作想法将泡汤。但好在乙方代表及时提出了先吃饭的想法，将大家的话题转移到了那家饭菜可口的餐厅，这样，原本僵持的局面就得到了缓和。合作也就从没有商量的余地转变成了仍然可以慢慢商量。这就是关键时刻转移话题的必要性，这是扭转局面的重要武器。

据说古时候有一位姓田的官员，家里十分富裕。他有上千亩的良田，还有上百间房屋。因为有这些优渥的资产，所以他就收养了数千名食客。而他可以随时使唤这些食客，为他做各种事情。

有一次，他在自己的庭院里举行祭祀典礼，场面非常隆重壮观。前来参加典礼的人非常多，他们每个人都带着礼物前来。其中有一位宾客给田家送来一条罕见的大鱼，还有一只珍稀的大雁。田氏看到以后非常高兴，情不自禁地说道："上天对人类真是太好了，它不但可以让大地长出五谷杂粮来给我们食用，还生出这些鱼类和大鸟来给我们品尝。真是伟大又仁慈的上天啊，令人无比敬佩。"

在场的客人听到以后，都不约而同地说了一些奉承之话："田大人的想法果然与众不同，实乃绝妙。"

正在这个时候，有一位食客带着自己十二岁的儿子也来参加典礼。但那个孩子并不赞成田大人的那番话，他忍不住向田大人说道："田大人，我并不是很赞同您刚才说的那番话。在我看来，世界上的所有物种，不管是我们人类还是其他动物类，都是上天一起创造出来的。如果要追究本源，人也可以划分到动物类，所以并不能因此而将这些物种分出一个高低贵贱来。人与动物的最大区别就在于智力的大小，也正是因为如此，才能在物种之间产生相互制约、相互食用的现象。而这也不是像您所说是上天有意安排的。我们人类所享用的食物都是我们可以吃的食物，难道您能说这也是上天特意安排的吗？"这个孩子说完这些话以后，旁边的父亲已经面如纸色，他颤抖着双手将儿子拉下去坐好，让他不要再多说话。

宾客们听到以后，反响很大。有的给予赞成，有的则毫不在意，有的指责小孩说话太嚣张，还有的一直看着主人家的脸色。

但田大人并没有因此显出生气的样子，而是十分大度地对小孩说："你刚才讲的话也不是完全没有道理，可是有一点我还是想向你请教一下，如果这些鱼类和这些大雁不是上天为我们人类特意制造的，那为什么我们吃起它们的时候，都觉得味道鲜美呢？”

这个话也没有难倒那个小孩，他很淡定地站起来，从容不迫地说道：“田大人，我们平时在夏天都会被蚊子叮咬，它们趴在我们身上吸食我们的血液的时候，也觉得味道鲜美，所以吃得津津有味。还有老虎或者狼群在撕咬人类的时候，也吃得很过瘾，觉得味道很好。那么请问，这也是上天有意安排的美味吗？如果按照您刚才的逻辑，上天创造我们人类就是为了给蚊子或者老虎和狼群做食物吗？”

听到这里，在座的客人都哈哈大笑。

而田大人也是面带笑容，他走到小孩子所在的宾客桌边，举起一杯酒敬给小孩。喝完以后，他十分轻松地说道：“真是想不到，我家的食客门下里竟然藏了一个如此聪明的小孩。不过想要埋没像这样的人才，也是一件很不容易的事情啊。”

本来田大人与这个小孩所讨论的就是上天是否对人类有特殊的照顾，制造这么多美食给人类享用的问题。可是辩论到最后，作为主人的田大人很显然已经败下阵来。但为了挽回自己的尊严，他巧妙地将话题转移到了小孩身上。先是将他夸奖一番，然后暗示人们，虽然这个小孩这么聪明，但还是在我家门下做食客。可以说扭转了辩论的局面，让自己转败为胜。自己在宾客们面前的地位保住了，也乘机教训了一下小孩。

这就是在不知不觉之中将话题巧妙转移的诀窍，对谈判和辩论的结果都会起到很好的促进作用。

表达秘籍

1. 当你不想再继续某个话题的时候，可以用提问题的方式来将对方的注意力或者兴致转移到另一个话题之上。这种转换不会过于生硬，也会让谈话自然进行。

2. 还有一种方法就是跟对方提出不同意见，把对方的思想引到另一种意见或者想法之上，让他重新开始思考，从而进入下一个话题的交谈，有利于把握谈话节奏。

3. 在对方还没有完全展开某个话题之前，你就抢先发起另外一个话题。然后时不时地征询一下对方的意见或看法，让他就此发表一下自己的高见。当你用讨教的口气让对方替你指点迷津的时候，对方是极为乐意将这个话题接过去的。

·说话不经过大脑的人后来怎么样了·

在生活中你有没有见到过这样的情景：在人家孩子的满月酒席上，别人都在夸孩子乖巧可爱，有的人却偏偏要说孩子长得丑没天赋；在一对新人的婚礼上，别人都在祝福这对新人长长久久，白头偕老，有的人却偏偏要说现在的离婚率高得吓人，一不小心就会闹离婚。这种人说话就是我们所谓的不过脑子，通常都是自己一句话一出，就惹得人家生气甚至愤怒，把场面弄得非常难堪，得罪一大群人。

为什么会有这种说话不经思考的行为呢？很可能就是在一段关系之中处久了之后，人就会变得懒惰，不再愿意花费心思去考虑别人的感受，而自己想到什么就说什么，毫无顾忌之心。对他人造成伤害以后，还为自己辩护说自己本来也无恶意，让别人不要多想。

但对于说话高手来说，他们从来不会哪壶不开提哪壶，而是站在对方的立场，考虑对方的感受，不让他人难堪。

有一位网友曾经在网上吐槽过自己的一段经历。那天晚上，她和一个同事小张请公司的一个重要客户吃饭。聊天的时候，客户跟她们提到自己前几天去泰国游玩的经历。他还拿出手机翻照片给她们看，让她们领略一下泰国的风光。

其中有一张照片是客户和一个浓妆艳抹的女人的合照，小张想也没想就对客户说道：“这个女的是一个人妖吧？”

谁知客户脸色大变，一脸尴尬地说：“这是我老婆……”

当时的气氛立马就变得诡异起来，客户也没有心情再去翻看照片，只是拿起桌上的水一个劲地喝。最后那顿饭草草就结束了，弄得大家都有点难为情。

小张如果在说话之前好好想一想，照片上的那个女人和客户举止亲密，不应该第一个就说是人妖。而且客户既然去泰国旅游，自己一个人去的可能性应该很小，至少要带上家人和孩子。但小张不以为意，觉得自己不过是口直心快罢了，对客户又没有恶意。所以，在以后的工作合作中，客户慢慢地就不愿意再找她谈了。

本来就是一件小事，可对自己的影响却是一点都不小。

心理学上有一个名词叫“元认知”，又称为反省认知和监控认知等，意思就是指人对自己的认知过程。很显然，像说出这种伤人之话而又不自知的人就是缺乏元认知的人。如果要想提高自己说话时候的情商，在说话之前最好先思考一下，自己即将说出去的这句话会带来什么样的效果，是否是自己为了哗众取宠才说出这样的话。如此一来，就可以省去很多不必要的麻烦，也不会被别人痛批为情商低下之人了。

德谟克利特曾经说过：“不要让你的舌头抢先于你的思考。”就是告诉我们，说话的时候要考虑清楚，不然你很容易就会沦为别人眼里的情商缺乏之人。不要只顾着自己嘴上快活而忽略了他人的感受。也不要拿“心肠直”和“玩笑话”等当挡箭牌，并不是这样你就能抹除掉你的话给别人带来的困扰与伤害。

通常，一个情商正常的人，在说话的时候会考虑到身份、场合等问题。他们能很好地判断出什么时候该说什么话，既符合自己的身份，又不会得罪别人。我们还有一种误区就是把真性情当作高情商，从而忽视了其中的隐患，说起话来不假思索。但其实真正的高情商是设身处地为他人着想，换位思考为他人考虑。

说话这门艺术，用好了可以锦上添花，用不好可能让你惹来口舌之祸。一句话可以说得人发笑，一句话也可以说得人发跳。你的说话之道就是你的为人之道，所以你说出去什么话，别人就会对你形成什么样的印象。说出去的话就是泼出去的水，有些话一旦你不管不顾地说出来，就不可能再往回收了。如果在聊天中，你既想展现你的高智商，又想展现你的高情商，那就不要逞一时之快，让冲动毁掉自己。

就像日本有一位作家曾经说过的那样：“不为繁琐动摇的钝感力，才是人们生活中最为重要的基本才能。”这句话在语言方面的表现就是，说话不要太快，出口之前要三思，哪怕比别人迟钝一点也没事。

表达秘籍

1. 如果觉得自己说话太快，可以用一种心理暗示的方法来训练自己。就是说话之前，先停三秒再开口，给大脑一个反应和缓冲的时间。在这种方法的反复暗示之下，你说出来的话就会被过滤得更纯粹，自然那些伤人之话也会随之减少。

2. 说话的时候尽量将语速放慢，为自己多争取一点时间去想清楚，这样就会少犯错误。

3. 多听别人说，自己要少说。在聊天的时候，学会控制自己的发言次数。

· 别觉得快人快语是好事 ·

很多人把为人耿直、说话直爽当作是一种难得的优点，觉得这样是一种没有心机的表现。一旦自己说的话惹别人不舒服了，就会拿此当借口以作掩饰。其实他们只是没有界定清楚直爽的分界，这和没有心眼、不会算计没有任何关系。虽然他们不会加害于你，却会用话活活把你气死。

其实，只有他们自己会把快人快语当作一种令人骄傲的事情。当别人用同样的方式去对待他们，也就是以其人之道还治其人之身的时候，他们自己也会加以抵抗。也就是自己可以对别人快言快语，却接受不了别人对自己的快人快语。因为，他们也会期待别人能给予他们一种正向回应，而不是快人快语，给他们泼冷水，如果是这样的话，他们也会感觉到难受。

所以，快人快语就是一把利剑，我们不应该让这把剑伤人又伤己。

以前看过这样一个笑话：

一位长得有点胖的妇女去一家服装店看衣服，谁知道她才刚走进去，店里的服务员就对她说："阿姨，你长得太肥了，我们店里估计没有适合你的衣服。你可以去别的店看看。"

这个妇女心里升起了一股怒火，正想要反驳这个服务员，谁知她又加上了一句："其实，年纪大了以后还是要胖一点比较好的。"

这个妇女正不知道该怎么发泄心里的满腔怒火的时候，老板娘走了出来。于是，她马上跟老板娘告状说："我今天是招谁了还是惹谁了，怎么来你们店买件衣服还要被嘲笑一番，说我又老又胖。”

老板娘赶紧道歉着说道：“不好意思，我们这个服务员是刚刚过来的，还不是很会说话，但她说的话一般都是实话。”

本来是想给予安慰，却不承想只是给这位妇女带来了二次伤害。这就是所谓的让人听了想打人的话了吧。有一句话说得好：“你说话让人舒服的程度，就代表了你的高度。”每一个成熟的人都应该要懂得一些处事和说话之道才能给自己打下一个稳固的基础。只有“童言”才会“无忌”，你的直言却是大忌。

杜小曼就是一个快言快语的人，让人相处起来很是困难。有一次她和办公室的同事一起去体育场打网球，由于那位同事是网球初学者，所以打得不是很好。杜小曼就很想教教她，便在旁边当起了教练，指点她学习。

但在练习发球的过程中，杜小曼一会儿说人家球打得真臭，一会儿又说人家看着挺聪明的一个人，怎么学起打球来就变得这么笨，是不是脑子进水了。

同事非常生气，也十分不客气地向她回道：“你说话也太伤人了吧，就不能好好说话吗？”

“怎么可能是我说话伤人，明明就是你自己太笨了，笨就笨呗，还不让人说了呀，真是的。”杜小曼在一旁也不甘示弱地回答道。

同事瞪了她一眼，气得说不出话来，掉头就走。两个人的关系从此变得很不愉快，每天在一个办公室里面做事，却要像仇人一样往来。

俗话说，有时候语言是一颗糖，让人听了舒服得想笑；而有时候语言又是一把剑，让人听了以后难受得心里流血。杜小曼就把语言变成了一把剑，将同事刺伤以后，同事也对她痛恨不已。同事之间一起打打球本来是一件很开心的事，球技好坏本来无可厚非。但杜小曼非要在教的过程中抨击同事，用“太笨了”“脑子进水了”等贬损性的词语来评价同事的球技。这些词语对同事来说，就是一种人身攻击。但杜小曼并没有意识到，反而还觉得她的行为并没有任何的错误，甚至还会觉得自己是为了同事好才会说出这样的话。

还有一次，公司的李姐请大家吃饭，为此她特意穿了一件最近刚买的新衣服。别人看到以后都在夸李姐的衣服很好看，跟李姐气质很配等。可轮到杜小曼这儿，她直接来了一句：“衣服是很漂亮，就是有点不太适合你，因为你的身材有点偏胖，把这件衣服穿变味了。”

这句话一说出来，李姐就不高兴了，全程拉着脸吃完了这顿饭。之前大赞李姐衣服好看、穿着很合适的那些人也显得很尴尬，心里对杜小曼也多了一份怨念。自从这件事以后，同事多跟她保持距离，不大喜欢和她一起活动了。有公司的一些集体聚会聚餐之类的，也会将她排除在外，不会考虑她的意见。而以后的工作中，李姐一直都是对她不冷不热。

渐渐地，杜小曼的朋友越来越少，不仅在公司里独来独往，就是下了班也没有聚会应酬，一副很不受人欢迎的样子。所以，她的快言快语直接影响到了她的人际关系，她为此也是相当苦恼。

实际上，在平时的生活中，什么话可以说，什么话不能说，都是很有讲究的。正因为如此，说话才会变成了一种艺术。很多人在这方面吃亏，就是因为自己没有好好运用这门艺术。

某公司报关员蒋青青是一个聪明活泼的小姑娘。平时的工作做得很出色，自己很会拿主意，脑子转得快，说话也很厉害。可是蒋青青总是认为自己语言天赋极高，充满了幽默细胞，所以经常会不分场合地与人开玩笑。有时候甚至连领导也不放过，觉得这样显得和领导很亲近。可是，虽然她在工作上的成绩很卓越，却一直都得不到领导的提拔，这让她很是疑惑。

想一想自己平时对待工作时候的那种努力和认真的态度，她就心有不甘。有时候为了提高工作效率，她一大早就赶到海关去报关。但一身疲惫地赶回来不仅得不到领导的体谅，还被领导痛斥上班迟到。蒋青青感到很委屈，于是跑去向公司里一位德高望重的前辈请教。前辈啥也没说，第一句就问她：“你回想一下，平时在说话方面是不是对领导有所冲撞，惹得他不高兴了？”

经过前辈这么一提醒，蒋青青有种恍然大悟的感觉。平时的生活中，她自己很喜欢和别人斗嘴，她的一位领导脾气温和，对员工又总是一副笑脸，所以她以为应该是不会介意一些小玩笑的。有一次，领导来上班的时候，穿了一套新的西装，从头到脚都是灰色的。蒋青青看到以后，大声地嚷起来：“老大，今天穿新服啦！”领导听完刚准备笑的时候，蒋青青马上又说了一句：“这灰色的西装，灰色的衬衣和领带，再加上灰色的裤子，整个就跟一只灰色的耗子一样。”领导听完这句，脸色立刻就沉了下来，头也不回地走进了办公室。

还有一次，有一个客户来公司找领导签署文件。签完以后，客户在旁边连声夸奖领导的名字写得气派。这时候，蒋青青正好来到办公室，听到客户的夸奖之后竟然哈哈大笑地说道：“这能不气派吗？我们领导光练这个名字都练了好几个月了呢。”蒋青青的这句话刚说完，客户和领导的脸色就变了，气氛瞬间变得尴尬不已。

说话这样直来直去，口无遮拦，不分场合地让领导难堪，自以为是直率，实际上则是对人的一种不尊重。这样的人，领导能提拔才怪。

凡事都要懂得三思而后行，我们开口说话也是如此。这样才会赢来别人对自己的尊重，也能让自己的话在别人心中变得更有分量。

表达秘籍

1. 忠言不一定非要说得逆耳，如果可以有一个让人舒服点的表达方式，人们会更乐于接受。

2. 一定要看清场合再说话，如果你对此不管不顾，那也不要期待别人能给你一个好的反馈。

3. 尽量多用一些积极的词汇来代替你想要说出口的消极词汇，这样就可以避免很多快言快语带给别人的伤害。

·如果可以，请跟聊得来的人聊·

现在很流行一句话：两个人在一起交流，三观合不合很重要。所谓聊天，不就是你一句我一句地来回给予对方反馈吗？如果对方给予你的反馈大都是正反馈，那你们之间的话题就会越来越多，这就是三观和阅历相重叠带来的良好效应，也就是聊得很投机。而如果对方给予你的大部分都是负反馈，从来不愿意认可你提出来的观点，即便你的观点是正确的，那你们很快就会聊不下去，这就是话不投机。

不管是办公室里的同事，还是婚姻里的夫妻，是否聊得来是在一起生活得愉不愉快的一个重要指标。我们都期待自己讲出来的笑话别人能听懂，自己抛出去的梗别人能接得住。如果恰好有个人能实现你的这种想法，这个人就会被你认为是一个理解你的人，你会愿意与他分享更多关于自己的事情，也愿意自己与他的关系变得更加亲密。

现在很多人的婚姻状况并不是很好，虽然也是两个人在一起过日子，但这种日子的质量并不是很高。原因之一就在于两个人沟通得极少，甚至无话可说，或者说两句就开始争吵，让两个人都不知道该如何去好好沟通。所以，两个人的婚姻变得越来越像一种形式，没有了灵魂。

而我们可以想象这样一个场景：下班回家以后，妻子在厨房忙着做饭，丈夫也走过来帮忙打下手。两个人一边料理手上的事情，一边分享各种新闻。在菜肴的香味里，两个人谈笑风生，似乎有说不完的话。这种场景相信是很多人都会羡慕和向往的。

四十多岁的王志文还没有结婚，有一次他作为嘉宾去录《艺术人生》，主持人问他，为什么到了不惑之年却还不想结婚？王志文说，自己到现在还没遇到一个合适的，所以再等等。主持人又问，你觉得什么样的人才算是跟你合适的呢？王志文给出的回答是："能和你随时随地聊天的那个人就是合适的。"

很多人对这个答案心存疑问，因为大家都觉得，随时随地聊天本来就是一件很简单的事情啊。

但是，大家听王志文说完以后，才意识到这件事情并不是想象中的那么容易。他说，比如自己在深夜睡不着的时候突然想到了什么，你叫她，想和她分享，她会说，这都几点了，太困了，有什么话明天再说吧。这个时候，你立马就会失去说话的兴趣。有些时候，有些话只能对有些人说，你再想一想，就不想说了。所以，要找到一个你想跟她说话，还能跟她说话的人并没有那么容易。

这就是，他一直都在等那个和自己聊得来，和自己一起谈天说地的人的原因。现在，他终于等到了，在那次采访结束的多年以后，王志文和一个上海姑娘走进了婚姻的殿堂，还生了自己的小孩。可能他是幸运的，最后还是等来了那个可以和自己夜半聊天的人。

在平时的生活中，我们又何尝不是如此？女人有女人的闺蜜团，男人有男人的兄弟帮。我们需要这些人，我们和这些人走到一起是因为彼此之间能聊到一块儿。就像电影《一句顶万句》里面开头的那一幕所展现的：早上八点，在婚姻登记处，很多男女在门口急切地排着队。工作人员问道："你们为什么要离婚啊？”那对男女说：“我们说不着。”而当工作人员问下一对结婚的男女：“你们为什么结婚啊？”那对男女回答：“我们说得着。”所以，聊得来看上去是一个很简单的要求，但其实它却是人发自内心的一种需求，并没有那么简单就能得到满足。

以前看过这样一个故事：一个男生在一次旅行途中爱上了一个女生，因为他觉得他们很聊得来。为了和那个女生在一起，他放弃了自己原有的生活，去到女生的那个城市，陪着她一起工作生活。

但事情远比他想象中的要艰难，时间长了之后，男生的心里开始由最初的甜蜜变成了苦闷，女生却一点儿也不理解。所以，男生只好将自己所有的苦闷都藏在心里，毕竟当初是自己追求的女生，过来这个城市也是自己的选择。所以，他不愿意将自己心中的苦恼向女生倾诉出来。

每次他心里感到烦躁的时候，他都会去小酒馆喝点酒。久而久之，他和酒馆的一个女子聊起了天，他将心里的不快统统吐给了这个女子听，说完之后，他感到全身舒畅，仿佛自己的疲惫都在这种聊天之中一扫而光。他爱上了这种感觉。在后来的很长一段时间里，去小酒馆喝酒成了他的习惯。他觉得，在这个陌生的城市，终于有一个人能和他一起聊天说话了，这让人感到愉快。

可是有一天，那个陪他一起说话的女子生病去世了。他再一次陷入了无人可倾吐的境地，心里不禁有了几分悲凉。

再后来，他不再开口说话，有人甚至觉得他已经失去了说话的能力。而只有他自己知道，自己有太多的话，只是没有人可倾吐。最终他和旅途中遇到的那个女孩子分手了，此后也没有结婚，而是单身了一辈子。

之前有人做过一个调查，他们将二十对情侣的手机没收一天，然后让他们在相同的恋人模式下生活一天。结果，一天过完之后，有十七对情侣突然宣布分手了。

这个数据让人不寒而栗，但是说明的事实和道理却非常清楚，两个人如果在一种亲密状态下都无话可说，那还有什么共同语言去支撑接下来的生活呢？

两个独立的个体在不同的空间做着不同的事情，却在某一天通过我们的思想将这些事情交流、糅合在一起，这就是一件很奇妙的事情。

表达秘籍

1. 很多因素都制约着两个人的聊天效果，比如文化水平、生活环境和个人思维模式等。如果聊得来，自然是好事，但如果聊不来也不用太过勉强。

2. 有时候一时的兴起并不能算作聊得来，而是否真的能和你聊得来，只有在长久的生活场景里才能显现出来。

3. 不要因为自己平时“话少”而苦恼，你只是没有遇到和你聊得来的那个人而已。

·有个性绝不是目中无人·

现在很多人都在标榜自己的个性，大家都以特立独行为一种时尚。但很多人却标榜过了头，将目中无人也当作一种个性。不管与谁交谈的时候，都不将人放在眼里。但我们也知道，如果我们想要赢得别人的尊重，就要首先自己去尊重别人。不管在什么场合下，自己对待别人的态度就是别人对待自己的态度。如果你目中无人，那别人也不会把你放在眼里。

我们在与他人的交流过程中，如果能端正自己的态度，用一种平等的姿态去与人沟通，对方就很容易对你产生好感。但如果你生性傲慢，把自己摆在高人一等的位置，对方就会被你的盛气凌人压倒。当你戳伤了别人的自尊以后，当然就很难再让别人接受你，喜欢你。

有一次小玉在洗手间的时候，听到同事小五在打电话。她当时的语气很不好，扯着一副很高的嗓子对电话那边的人怒吼着。听她说话的内容，电话那头应该是一个外卖小哥，小五订餐以后，外卖小哥没有在规定的时间将她的饭送到，所以她很生气。于是就在电话里歇斯底里地对外卖小哥发脾气："我就没见过像你这么蠢的人，我把自己的地址都跟你说得那么清楚了，你怎么就是找不到呢？你这个智商到底是怎么找到这份工作的？"

电话那头传来小哥抱歉的声音，他一连说了好几个对不起。可是小五依然难以平息心中的怒火："对不起对不起，就只知道说对不起，你倒是快点送过来啊，我都快饿死啦。如果你五分钟以内还没到，那我就投诉你。你这个效率太低了，工作一点都不称职。”说完就气愤地挂掉了电话。

其实，我们也不难想象，电话那头的外卖小哥一定是在尽力道歉，百般抚慰小五的情绪。我们平时在工作中也接触过很多送外卖的工作人员，他们的态度都是好得无可挑剔。将饭送到你手中的时候，开口闭口都是姐啊您啊，临走之前还会小心翼翼地说一声：“麻烦您给个好评，谢谢。”

听完小五打电话，小玉突然觉得她变得好陌生。我们平时常说，要想看一个人的素质，那就看他对待服务员的态度。平时的那个小五难道都是装出来的吗？可能她觉得洗手间是个封闭的环境，既隐私又安全，所以才在这种放松的状态之下表露出了自己的真实素养。

后来小玉特别留心小五的处事方式，她发现小五并不是只对陌生人才会这样，有时候对身边的同事也是一副趾高气扬的样子，让人感到很烦。比如有一次，老板在给大家开一个总结会。会上行政部的芳芳正在发言，小五突然站起来说：“你这些话都说了好多遍了，每次开会就是这些话，也没有新鲜的东西。不如我来给大家讲讲吧，你再组织下新的语言。”

这一下子把整个会议的气氛搞得十分尴尬，小五却自顾自地在讲一些话，并没有发现在场的人一个个都拉长了脸。后来小五几乎被同事孤立了，大家有什么话都不愿意找她说了。

这种随意打断别人和随意贬低别人的行为都是一种对他人的极其不尊重。当我们懂得去尊重别人的时候，其实就是在尊重自己。而那些自以为是、总喜欢站在道德制高点去指责别人的人也反映出他自己自私的品格。所以，我们可以说，对别人的不尊重就是对自己的不尊重。

一家酒店在招聘总经理助理，经过好几轮的复试下来，最后还剩下一男一女两个人。他们被通知一个星期以后再来复试一次，最后的面试将由总经理亲自主持。

一个星期过去了，他们按时到达公司，还被人事通知一起去总经理办公室。但在去总经理办公室的途中，他们遇到了一位擦玻璃的保洁阿姨，她推着清洁车转身的时候不小心碰到了前来面试的两个人。清洁车里面的水也洒在了他们身上，那位女士的裤子和鞋子上被沾上了水渍，而那位男士的皮鞋也被打湿。

没想到，那位女士一瞬间就被点燃了怒火。她朝着保洁阿姨大发雷霆说：“你这个做卫生的是不是瞎啊，你没长眼睛吗？后面有人来你看不见吗？你是不是知道我今天要面试，然后故意将我的衣服鞋子弄脏啊？你看我现在还怎么去面试啊，耽误了我你赔得起吗？今天真是倒霉，碰见你了。”

对保洁员阿姨发完火以后，她又转过身对那位男士说：“你等我一下，我去洗手间清理一下。我们两个一起来的，你一个人进去也不合适。”还没等那位男士回答她，她就快速向洗手间跑过去了。

其实，男士听完她刚才对保洁员阿姨说的话以后，心里已经对她产生了一种厌恶。他转过头对保洁员阿姨说：“阿姨，没事的，就是沾到了一点水而已，回去擦一擦就可以了。你不用太放在心上，下次自己注意一点就可以了。”说完，他还帮着阿姨把洒在地上的水擦干净，一边等着那位女士，一边和阿姨聊着天。阿姨擦着玻璃，有够不着的地方他都帮忙擦干净。

最后，那位女士清理好了自己被弄脏的衣服，和男士一起去了总经理办公室。他们一走进去，总经理就握着男士的手说：“恭喜恭喜，你就是我要找的那个人，现在你就被录用了。”

那位女士这才明白过来，刚才那场小小的事故原来就是最终的面试。总经理对那位男士说：“我们这一行主要是服务别人，要想保证服务质量，那就得心里装着别人，懂得尊重别人。刚刚我已经看到了答案，欢迎你加入我们的公司。”

女士对保洁阿姨的态度是一种很没有教养的表现，她对着阿姨发脾气，说明她心里只有自己没有别人。而那位男士对阿姨的宽容和善良则是一种极富涵养的体现。虽然是细微之处，但足以支撑总经理对他们各自的判断，所以才会十分肯定地留下了那位男士。

部分人总喜欢戴着有色眼镜去看待身边的人，对有些行业的工作人员很是瞧不起。觉得他们天生就是低人一等，所以可以随意对他们发脾气，说一些肆无忌惮的话。有人说，一个人的真正修养并不体现在他对待上司的态度上，而是体现在他对待下属的态度上。不管是在人与人之间，还是在职业与职业之间，都不要自己想当然地去分个高低贵贱。每个人都是平等的，我们不要按照自己划分的等级来区别对待别人。

我们知道，中国是一个礼仪之邦。我们在说话的时候，一定要有礼貌，懂谦逊，从言语上给予别人尊重。面对没你优秀的人不要居功自傲，面对比你优秀的人，也不要深感卑微。每个人都愿意和重视自己的人交往，我们不要为了显示自己的独特而丢掉了最基本的礼仪。相反，我们给予别人尊重越多，我们在别人眼里的闪光点就越多。

表达秘籍

1. 我们要多拿微笑来示人，多用温和的话语来待人。而不是尖酸刻薄，鄙夷地去指责他人。这不仅仅是你对待人的一种态度，也是你对待生活的一种态度。对不同的价值观念我们要学会接受，而不是抗拒。

2. 不要太有身份感，“勿以身贵而贱人”是一句古训。现在是文明社会，而不是奴隶社会，所以再拿身份出来比较你就已经输了。

3. 我们在生活里仰望的那些勇者，他们身上大都会有一种和善的气质。这是一种气场，也是一种人人称赞的人格魅力。

·别让不好意思成为绊脚石·

有很多热心肠的人总是习惯对别人有求必应，不管那是家人朋友还是同事，有时候甚至是陌生人，安排给他们的事情都是通通接受。一旦让他们改变这种行为，他们的内心会觉得非常内疚。一般这类人都会把别人的事情看得比自己的还要重，所以会全力帮助别人而让自己的生活陷入一团糟。

为了迎合别人的期望，他们似乎已经没有了自己的生活方式。即使内心是抗拒的，也会由于自己的不好意思而继续去牺牲自己成全他人。不好意思开口拒绝，不好意思请求帮助，不好意思说出自己的真实想法，不好意思表达自己的不满，不好意思说出自己的难处，不好意思推翻别人的好意思。

面对别人的好意思，我们没必要不好意思。只有大胆说出自己的请求，才不会错失各种良机。只有果断去拒绝，才不会委屈自己去接受自己不想要的东西。

有一个小故事讲的是一个老员外，他家里有两个女儿。只要见过他女儿的人都觉得她们长得很漂亮。所以前来提亲的媒婆也是络绎不绝，很多人都希望能娶到一个那样漂亮的妻子。

但每次有人跟员外提起这两个女儿，员外总是说：“哪里哪里，根本没你说得那么漂亮，还有点丑呢！”久而久之，他的这句话就传出去了，大家就慢慢地认可了他的话，都觉得他的女儿是真的长得丑了。所以再也没有人去他府上提亲了，一直到两个女儿老了也没有嫁出去。

员外的这种不好意思直接毁掉了两个女儿的大好青春和人生幸福。他不好意思承认女儿身上的长处，就像平时的我们不好意思承认自己的才能一样。正是因为不好意思在别人面前表现出来，所以我们才会失去很多机会，从而得不到别人的认可和赏识，想要出人头地当然也就很难了。

有一家国外公司的老总在中国某一所高校礼堂做演讲，这是他第一次来中国给这么多中国学生演讲。礼堂里自然都挤满了人，每一个都听得十分认真。还有人在听的过程中将老总说的一些重点记录在笔记本上了。礼堂里面虽然有很多人，但是一直都很安静。

但是那位老总却觉得这种安静过于沉闷了，正常情况下，他在演讲的时候，都会有人站起来对他进行提问，或者是与他就某些观点进行争论，提出自己的质疑。但这安静的气氛让老总开始怀疑是不是因为自己演讲得不够好，没有吸引到大家，所以才没有人附和或者反对。像这种一个人在台上滔滔不绝地讲的情况，以前是没有遇到过的。

终于，演讲结束了，这位老总想找一个同学来回答一个自己的问题。其实他在心里早已经盘算好了，不管这位同学的答案正确与否，只要他勇于站起来回答，自己就为他创造一次出国深造的机会。可是，过了几分钟，还是没有一个人站起来。他感到很失望，继而是绝望。就在自己打算放弃的时候，一个男生站了起来，他向老总讲出了自己的理解和答案。

说完之后，老总率先为他鼓起了掌，其他同学都以为是老总认可这个答案才鼓掌，但让人意想不到的是，老总给出的评价是：“你给出的答案并不是很全面，但我依然为你的勇气鼓掌，并且正因为如此，你现在获得了一次我为你提供的出国深造的机会。”老总刚说完，下面就是一片惊讶之声，他们都在后悔自己刚才的不好意思。

可能大部分同学的内心独白都是这样的：早知道有这么一个机会，我就早点站起来了。但机会不是随时随地都有的，错过了这一次，就很难有下一次了。

我们每个人的心里都藏着一个理想和小目标，但我们却不好意思亮出自己，为自己去争取机会。有一句话说的是英雄无用武之地，但我想，大多数时候是我们不好意思让别人知道我们就是英雄。我们总是习惯等在那里，等到别人某一天来发现我们，就像在礼堂里听演讲的这些学生一样。不好意思只会让我们离自己的理想越来越远，让别人越来越难发现自己。如果我们做什么事情都畏首畏尾，干什么都觉得不好意思，那么只能注定一事无成。

在一本叫作《怪诞心理学》的书中记述了一个这样的实验，在实验过程中，研究人员将自己扮成了义工，然后找到一些住户，跟他们挨家挨户解释说，由于小区附近的交通事故频发，所以想请这里的居民在自己的院子里竖立一个“小心驾驶”的牌子。因为标志牌比较大，所以竖在院子里肯定会影响美观。实验结果自然也不好，很多人都不愿意这么去做。

接下来的一个阶段，实验员去了别的小区，用同样的说辞请居民在自己的院子里竖立一个“做个安全驾驶员”的牌子，而这个牌子只有三英寸左右，这一次，基本上所有的居民都同意了。过了两个星期，实验员再次来到这个小区，请这些之前在院子里竖立了牌子的居民将标志牌换成一个更大一点的，这一次的结果是将近七成的居民都同意将原先的小牌子换成那个又大又丑的牌子。

也就是先让对方接受一种他们愿意接受的东西，然后慢慢地，再将它们换成一些更为夸张的要求。如果我们接受了别人的一个小请求，那么，当别人在此基础之上再提出一个高一点的要求的时候，我们接受的概率也会变得很大。

这些实验人员在经过多次的研究之后还得出了一个这样的结论：同意一个小的请求以后，人们就会把自己看作一个乐于助人的人，而在这种自我感觉的促使之下，当下一次再遇到一个更大一点的请求的时候，还是会愿意给别人提供帮助。你因为请求之小而不好意思拒绝，所以就接受了。而当更大的请求来了之后，你又不想破坏自己乐于助人的这个形象，所以就会再次接受。关于这个现象，心理学上有一个专门的名词叫作“认知不协调”。

总的说来，你的不好意思只是因为你没有看清楚事情的本质，觉得就是一点点小事，不会给自己带来多少麻烦。然而，有时候事情并非我们想象的那样，我们总是牺牲越来越多的时间和精力在别人身上。当你只想到成全别人的时候，却忽略了这一行为可能给自己带来的伤害。

如果我们还是一如既往地不好意思，那只会让不好意思成为我们人生路上一块大的绊脚石。在现代社会中，不好意思已经很难再被奉为一种美德了。相反的，它可能代表了一种懦弱和无能，也可能代表了一种自卑和失败。对于自己的利益，我们要好意思去争取；对于别人无理的请求，我们要好意思拒绝；对于别人的优点，我们要好意思赞美；对于生活中的自己的错误，我们要好意思道歉。只有这样，才能将自己有限的精力和时间发挥出最大的作用。

表达秘籍

1. 在平时与人的相处之中，我们应该保持一个清醒的头脑，时刻谨记天下没有免费的午餐。所以该拒绝的事情要果断将其拒之门外，不要让自己的情绪受到别人的操控，从而将自己置于一个被动的位置，让自己利益受损。

2. 要有自己的原则，一旦某些事情超出自己的原则之后，就要坚决地说不。

3. 平时不要轻易许诺，凡事都要三思而行。对于一些自己没有能力做到的事情，或者自己根本没有打算要去做的事情，就不要给对方承诺。

·多学多思，为自己积累谈资·

在平时的生活中，如果你能和任何人连续谈话十分钟，并且让别人对你所说的内容产生兴趣，那你就是一个相当会交际的人物了。只是每个人的社会阅历和人生经历都不相同，你面对的是一个复杂的人际网络，所以想要和每个人都能说上话就离不开你丰富的知识积累。这就是我们平时说到的谈资。只有不断地充实和更新我们的谈资，我们才能在各种场合下应对自如。

但知识本来就是一个包罗万象的繁琐体系，我们想要去积累它们为自己所用，又该从何下手呢？我们每个人都是处在社会之中的人，无论是集体的活动还是个体的行为，都与社会有着千丝万缕的联系。所以这也是我们学习和积累知识的一个重要来源。一般而言，这种社会实践对于大多数人来说是最有效的积累方式。

现代社会遍地都是知识，就看我们善不善于发现和积累。大家都在追求快速高效，希望能在最短的时间里学到更多东西。其实学习是一个长期的过程，积累也不是一天两天就能看到成效。那我们又该从哪些方面来入手呢？

首先就要说到我们平时接触最多的新闻了。现在不管我们走到哪里，了解新闻总是一件十分便利的事情。之前身边有一个朋友，他每次看到什么新闻以后，都会选择其中的一些要点和新闻描述进行背诵。这样在别人的聊天过程中，他就总是能轻易接住别人的话题，或者自己创造一个话题，之后让这个话题在聊天中变得更加深入。

上一次这位朋友去见一位年长的客户，面对这种年龄差距比较大的客户，一般人都会在与其聊天的过程中遭遇冷场。但他不仅没有让类似的尴尬发生在自己身上，还陪客户聊得很开心。回来以后，我们问他今天在客户办公室和客户聊了什么，客户那么开心。

他淡淡地一笑说，就是聊一些茶叶、茶壶、时事政治还有太极招式什么的。他的这句话把我们说得一愣一愣的，因为这些领域对于我们来说是很生疏的领域。我们连忙向他请教，他是如何能掌握这么多知识的。

他说，其实今天聊到太极的时候，那位客户提到了杨氏太极拳。关于这个他自己也不是很懂，但他记得有一次在电视上看到过一个短片，专门对此进行了介绍。而他正好跟着电视解说背下来一段介绍说词，今天聊到这个话题的时候，他只是将自己记得的一些内容说了出来，至于剩下的东西，就交给客户来说，他的一些观点也显得十分专业。说完之后，客户还很有成就感，所以会觉得今天的聊天很愉快。

除了对各个媒体上的新闻有敏锐的捕捉以外，他还给自己制定了一个长期的读书计划。在手机的备忘录里，他给自己清楚地列出了一个书单。而书的类型是多种多样的，政治、经济、历史、人文、小说、推理，他都有涉及。在别人眼里，他聊天的时候从来不害怕冷场，所以他在公司的人缘相当好。

这种通过看新闻和读书学习的方式，有很强的操作性。每天抽出一点时间来给自己做专门的积累，慢慢地，你所学到的知识就会形成自己的体系，这样当你在聊天过程中涉及到一些生疏话题的时候，就不会害怕接不上话了。

除了这些知识上的积累以外，还有重要的一点就是要学会思考，这也是一种不容小觑的能力。有句话说的是：“学而不思则罔。”这就是在跟我们强调思考的作用，如果你没有思考的习惯，那你就算是看完再多的书也没有什么用。

当然，思维能力的养成也不是一蹴而就的，这个是需要长时间去积累的。我们可以用读书笔记的方式来帮助自己养成思考的习惯，就是在看完一本书以后，写下自己对书里内容的理解。写完以后，还可以上网查一下别人在网上的相关评论，这就是一个交流的过程。在与别人的思想碰撞中找到自己想法上的漏洞，这样才能让自己不断地进步。

公司最近有一个重大活动，需要邀请一位知名教授来做专业演讲。这个任务落到了阿荣身上，他托了很多关系，终于争取来了一次和教授见面的机会。但是在见面之前，阿荣心里并没有底气能够说服教授前来，为了让自己顺利完成这个任务，也为了快速拉近自己与教授的距离，让自己在见面的时候有话可说，有话可接，他想了不少办法。

他在网上搜了很多关于这位教授的资料，并找到了他的博客。阿荣花了很多时间仔细阅读教授写下的博客，通过大量阅读，他发现教授十分喜欢泰戈尔的诗。找到这个方向以后，他开始钻研泰戈尔的诗，以备自己在谈话需要的时候可以信手拈来。

等到见面的那一天，阿荣和教授面对面地坐着，教授面带微笑地看着他。这个时候，阿荣突然想起了泰戈尔的那句诗："你微微地笑着望着我，没有对我说一句话，而我觉得为了这个，我已经等待很久了。"教授马上听出来这正是泰戈尔的诗句，所以觉得很是欣喜。

这首简单的小诗很快拉近了彼此的距离，他们很快放下防备，开心地聊了起来。最后的结果当然也很圆满，教授高兴地答应了阿荣代表公司提出来的这个请求。

好在阿荣与教授见面之前有所准备，为自己积累了谈资，没有出现冷场尴尬，为自己争取了先机。

思考的过程就是一个再加工的过程，起初你看的是别人的东西，但经过思考以后，你看到的东西就成了你自己的东西。知识的学习和能力的提升，不在于你短时间内记住了什么内容，而在于长时间过去以后，你脑海里积淀下来的东西。所以，掌握一些理念和方法才能让自己对一些事物和问题形成本能的反应。当你形成了自己的知识体系以后，就会产生自己正确的方法和方向来解决各种问题。

除了学习和思考，还有一种特质不可缺少，那就是自信。当你对某个领域十分了解的时候，为了在别人面前表达自己，你最需要的就是不怯场。这是一种良性的循环模式，保持自信将自己知道的东西讲出来以后，自己会变得更自信。否则，就会进入恶性循环，知道却不敢说，让自己越来越不自信，那你所积累的那么多知识也只能烂在自己的肚子里。

所以，积累谈资这件事情不能单从哪一方面入手。给自己制定一个合适的计划以后，一步一步按照计划行事，日积月累，才能看到进步。多学多思是永恒不变的主题，有了好的习惯，再加上完美的计划，那谈资就能快速积累。

表达秘籍

1. 参加社会活动，与各种人打交道，都离不开一定的处事知识。因为任何一个人都不可避免地与社会产生联系。要想让自己在沟通过程中流畅自然，你必须要懂得一些起码的社交知识。比如如何求职、待客、赴宴、送礼等，这些虽然不需要刻意去学习，但还是离不开观察与模仿。

2. 还有一些社会常识和经验要靠自己在实践中去获得，比如各地风土人情和风俗习惯等，需要自己去询问和了解。

3. 再就是一些必要的文化知识，这些是需要不间断地学习和积累才能得来的。比如，文学艺术、天文地理、历史哲学等，虽然不需要研究得很深，但对于一些基本的常识还是要有一定的了解。

第5章 把控自己的表达欲

每个人都有想要倾诉自己的时候，即便这样，也不要不分场合地逮着谁都将自己的心事倾吐而出，或者自己一个劲儿地说个没完，完全不给对方空间去表达。把控好自己的表达欲，才能建立一个良性的交谈空间。

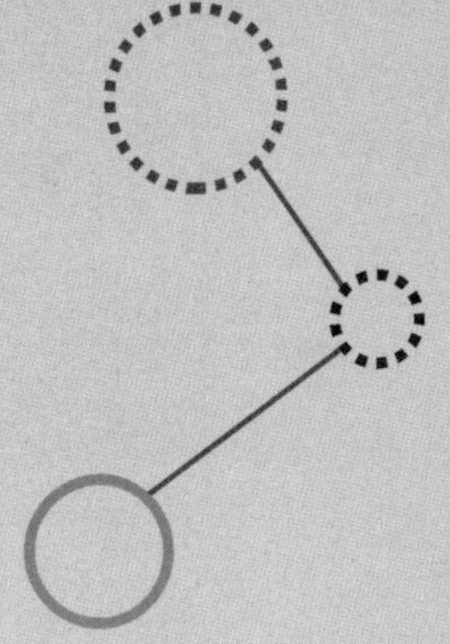

·话到嘴边停一停·

“口是伤人斧，唇是割舌刀。”这句中国的古话就是告诉我们平时说话要有尺度，留一个台阶给别人。感到愤怒的时候也要停一停，留一点脸面给别人。在我们与别人相处的时候，既会遇到正直大度的君子，也会遇到狡诈奸猾的小人。所以注意说话的分寸才能避免祸从口出。

美国有一个知名艺术家曾经说过：“我学会闭上嘴巴以后，获得了比以前更多的威望和影响。”只要不是什么大的原则性问题，我们如果能尽量让着别人，不仅可以给别人带来一份愉悦的心情，还能让自己更加自在。言语上的锋芒毕露并不是什么好事，很多人因此给自己带来各种麻烦的问题。

除了避免麻烦，很多人之所以话留三分还是为了避免尴尬。现在越来越多的人打交道都习惯用一种暗语的方式，就是不会把话说得太明白太直接，只会说个七八分，剩下的意思让对方自己去领悟。这种方式不会伤及到彼此之间的情面，会为后面良好关系的维持打下基础。

有一家公司的老板在经济危机期间想要裁员，减少公司开支。其中有一名员工是他的第一人选，于是他找来这名员工归属部门的负责人来谈这件事情。这名员工是该负责人的表弟，当时进公司的时候也是看在负责人的面子上才招进来的。但他在公司的这段时间内，并没有太突出的成绩，也不存在较大的培养价值，所以老板想把他加在这次的裁员名单中。

但让他感到为难的是，如果他和负责人说得太明白，会伤及他的面子。

这位部门负责人是自己多年的老部下，在公司刚成立的那几年，也多亏有他在旁辅助才能一步一步走到今天。如果直接告诉他，恐怕会让他感到心寒。

再三思考，老板对这位负责人说道："近期公司准备裁掉一批人，你所在的部门也有几个名额，你看在这一块你是怎么想的？"

负责人对老板说了几个自己心中的人选，老板没有否定，而是在他提出来的几个人后面又提出了自己的意见。说了几个名字以后，最后提到了负责人的表弟，老板说："这个小伙子相当随和，脾气非常好。但就是有时候显得太好了拿不定自己的主意，不过他和办公室里的其他同事关系都处得还不错。"

听到这番话，负责人心里已经明白老板的意思。他回去琢磨了一下这件事情，平时自己的表弟在公司里确实跟谁都能打成一片，很合群。但除了这个优点，似乎在工作上找不到什么成绩。他自己也知道，这种人对于企业来说就是无用之人。老板裁员的话肯定是优先考虑他们的，虽然没有明说，但只是为了给自己留面子。

第二天，他在上交给老板的裁员名单之中主动加上了自己表弟的名字。他的这一行为让老板很是满意，也给公司的其他同事留下了一种大义灭亲的印象。

这种案例在我们身边数不胜数，很多人可能还亲自体验过这种场景。老板解决问题的时候并没有直接将话挑明，把自己心里的想法完全吐露出来。他只是提点了一下，将自己的意思表达出来了，既维护了老部下的颜面，也完成了自己的工作。如果他心直口快，想什么就说什么，那老板的位置可能就不是他的了。

话到嘴边停一停，并不是软弱无能的表现，而是一种人生大智慧的体现。在生活中我们会遇到很多种人，一句话伤了对方，就会陷入无止境的斗与被斗的旋涡之中去。老子在《道德经》中特别强调一种分寸感，凡事要懂得分寸，懂得适可而止。要不然只会过犹不及，适得其反。

表达秘籍

1. 生气的时候说出来的话，往往在事后会觉得后悔。所以学会克制自己，既是给别人台阶，也是给自己退路。不管是情绪还是话语，我们都要学会管理，这样才不会让自己失去控制。

2. 在与别人的争论之中，即使自己是有理的一方，也不要把话说得太绝。凡事都要给别人也给自己留一点余地。如果你能先退一步，向别人伸出友善的手，别人也会反省自己的行为，认识到自己的错误。

3. 平时在生活中，如果我们想要解开一团缠绕在一起的乱糟糟的丝线，用大力气是没有用的，反而会让这团丝线越缠越紧。只有温和地一点一点去解，才会让乱糟糟的丝线慢慢散开。这跟我们平时的为人处世是一个道理，说得太多，只会让事情越发不好收拾。

·给他人说话的空间·

一名合格的企业领导人员，不仅要实行科学的管理，让企业在自己的带领下逐步发展壮大，还要有成熟的领导艺术，让员工诚服于自己的管理。这种领导艺术体现在方方面面，比如与下属之间的沟通就是一种很重要的领导艺术的体现。为了更好地了解到自己管理工作的进展情况，或者公司每个部门对公司各项决定执行的情况，领导与下属之间的对话和沟通都会不可避免地产生。

除此之外，有时候公司决议在执行过程中会出现一系列问题，所以需要领导与下属在一起探讨沟通，这样才有利于每一个问题的解决。在这个对话的过程中，领导人也可以借此机会通过下属的说话方式和回答问题的思路，来确定下属的基本性格特征。由此可见，作为公司领导人，要让员工有一个充分表达的空间，让他们有机会说出自己的心里话。这种技巧和情感信息的相互融合，有利于后续各项工作的开展，使谈话变得富有艺术性。

美国一位著名的人类学家曾经在自己的书中提到过这样一个观点：以前，晚一辈的知识和技能的获得都是通过长一辈的人来传授和教导。但是，现在技术革新速度加快，年轻一代获取知识的方式有了很多新的途径，他们能通过自己对生活和社会的理解来进行知识的创新，并将这种创新的技术传授给他们的前辈。所以，在新时代文化反哺的浪潮中，长辈权威已经在慢慢淡化了。

如果我们想要说服下属按照自己的方式行事，首先要做的不是想着怎么让对方转变思想，而是给一个机会和空间让他充分表达自己。

前不久，有一则关于某公司发给员工的电子邮件引起不少人的围观。大意就是说，公司有一位员工说出了自己对公司的真实看法与意见，从而破格被连升两级，并且还要求无线网络产品总裁保护他不受打击报复。这个邮件一出，不仅赢得内部员工的一片赞誉之声，还引来了外界媒体和网友的热烈讨论。公司此举，就是在给自己的员工创造一个良好的表达自己的环境，搭建一个与员工沟通的平台。

无独有偶，日本丰田公司也将此举发挥得更为极致。他们在公司流水线的终端，画了一个小方框。每一个新加入公司的员工，都要站在那个小方框之内，说出自己对公司运营或管理方面的真实想法和意见。而且他们对每一位员工提出来的有效意见都极其认真地对待。这样一来，员工的反馈或批评越来越有效，从而形成了一种沟通上的良性循环，建立了公司透明的反馈机制。

“透明沟通需要具备开明的态度和倾听他人的想法、思路与观点的意愿。”这是一家创意公司的创始人自己坚持的一个原则，而正是在这种思想的指导之下，他手下的企业才得以不断成长和完善。

小张是一家门市店铺的金牌销售，每个月都能拿到业绩第一的奖励。最近她和一位女同事之间因为生活上的事情闹了点小矛盾，所以心情不是很好，而这直接就影响到了她这个月的销售业绩。由于以往都是她包揽销售冠军的称号，这一次却业绩平平，店长决定找她谈谈话，看看到底是什么原因导致她工作状态的转变。

于是，店长将小张叫到自己的办公室。

“这个月你的销售业绩看到了吗？对比以往的数据下滑实在有些厉害，

这是怎么回事？”

小张被店长这么一问，心里产生了很大的压力，她支支吾吾地说不出话，只是回了一句：“可能是最近没有休息好，所以精神状态不是很好，影响了……”

小张的话还没有说完，就被店长打断了，她有点生气地说道：“如果是这样的话，那以后下班了就不要出去聚会玩耍了，好好休息一下，用最好的状态来工作，这样才能保证一个良好的业绩。你也知道，你业绩的下滑就会影响到整个店的销售成绩。如果因为你一个人而影响了整个门店还有其他同事，你也不好交待。”

小张低下头，她心里觉得很委屈，因为本来自己心里还有心结没有解开，又被店长批评一顿，不免心生怨气。她说：“我知道我的行为给大家带来了坏的影响，但以后我会注意的。尽快将自己的状态调整好，以便……”

店长听到这里，又迫不及待地接过了她的话：“不要再等了，从现在开始你就要调整自己了知道吗？我们是一个团队，每个人都不能拖团队的后腿。如果你有什么问题可以直接过来找我跟我说，我愿意替你解决生活上的其他问题。”店长说完之后，就示意小张去工作。小张满腹惆怅地点了点头，站起来离开了办公室。

但在之后的工作中，小张并没有恢复到之前的饱满状态。这一次与店长的谈话，非但没有让她感到轻松愉悦，反而让她压力重重。她的业绩没有回升，她还开始在员工之间传播各种负能量，让每个店员的工作情绪都不是很高。一段时间过后，她向店长提出了离职。店长被这突如其来的离职报告弄蒙了，她再次找来小张，问她为什么要辞职。

“你在这里干得不开心吗？还是工作压力太大了承受不来了？”

小张对这个问题也给不出一个确切的答案，她思索了一会儿，说道：“自从上次业绩下滑之后，我想了很多办法来调整自己的工作状态，可是都过去几个月了，还是没有找到之前的那种感觉，不知道……”

这一次，店长又没有听她把话说完，直接就说：“你知道吗？这个是你工作状态的问题，就算你今天从我这儿离开了，你再找一家别的店上班，这个问题照样还是解决不了。所以你现在要做的不是着急换工作，而是好好调整自己。”

“我也知道是这样，可是每次来到店里看到之前和我闹别扭的同事我心里就很不舒服，这是最影响我心情的地方。之前那段时间……”

“什么？店里有人跟你闹过矛盾？怎么上次没听你跟我说呢？这种事情不仅仅是你一个人的事情，还关系到店里的业绩收入，你怎么不说出来呢？”

小张看着店长，心里很无奈，她觉得这个谈话已经没有进行下去的必要了。所以她还是依然辞职，另外找了一家别的店开始上班。

在这个案例中，店长完全不给店员说话的机会，所以才导致问题沟通不畅。继而让店里损失了一员大将，给自己的工作带来很大阻力。

如果我们不去给下属说话的机会和空间，就没有办法了解他们的真实情况，从而也没法达到沟通的真正目的。

表达秘籍

1. 在与下属的沟通之中，领导要善于激发他们讲话的意愿。注意自己说话的语气和态度，这样才能更好地在谈话之中完成信息交流的工作。

2. 有时候领导最需要听到的是员工和下属之间的真话，所以给员工创造一个良好的说话氛围，才能让他们讲出自己对公司的真实看法。

·初次见面该怎么说·

很多人在平时的生活中，即使是与陌生人初次见面交谈，也会让对方觉得一见如故、相见恨晚。我们与一个人初次见面的时候，应该聊点什么才会让人觉得舒服，愿意和你继续聊下去呢？怀特曼曾经说过：“世界上没有陌生人，只有还未认识的朋友。”不管是谁，他身边的朋友，一定都是从陌生人转变而来。我们每个人都想扩大自己的交际圈，让生活变得丰富多彩。所以我们会遇到很多个和陌生人初次见面聊天的场景，把握好这个时机，才能给对方留下良好印象。

有人会认为，和一个陌生人第一次见面聊天的时候，难就难在不好寻找话题。其实，我们不需要很刻意地去寻找话题，一句随意的开场白更能让对话显得自然、轻松。很多人会因为心里紧张而不停地想接下来要说什么，还有没有什么好的话题可以拿出来谈，这样一来反而会让自己变得更加紧张。如果你想要打破这种尴尬，最好的方式就是坦诚相见，这样才会让对方向你吐露心声。

张艺是一个初入职场的菜鸟，毕业之后，几经辗转来到了一个实力雄厚的软件公司。年底了，公司为员工举行了一个大型的自助晚会。张艺生平第一次参加这种聚会，心里有几分紧张。特别是看到公司其他部门的人都齐聚在此，她紧张得不敢走上前去打招呼。

为了缓和一下自己这种紧绷的神经，她决定去自助取点饮料酒水之类的给自己压压惊。当她刚拿起一杯以前没见过的饮料准备尝一口的时候，旁边有人对她说：“这种饮料里面有酒精的成分，你喝了以后可能会难受的，你可以换旁边那杯清淡一点的果汁，女孩子喝这个是最好的了，美容养颜促消化。”

张艺听到这话，回头一看，是一位不认识的男士，他正端着自己的酒杯向张艺介绍着自己：“你好，我是来自销售部的李凯。”说着便举起杯子一饮而尽。

“谢谢你，看来你对这些酒水了解得挺多的嘛。”张艺放下那杯饮料说道。

“也还好，就是公司每年都举行这种晚会，所以就了解一点。你不知道，我第一次参加公司这种晚会的时候，端起一杯饮料就喝，喝完以后觉得味道很不错，就又喝了很多。结果到最后晚会结束的时候，是公司同事搀扶着我回去的，因为我把自己灌醉了。”李凯一边讲着自己以前的尴尬糗事，一边忍不住笑了。

张艺听完，也跟着笑了起来。他们就在你一言我一语中聊到了晚会结束。这份经历对于张艺来说有很大的积极作用，让她对陌生人不再恐惧。每次有部门新同事，她都能大方地与其攀谈、介绍自己。

张艺与李凯虽然同在一个公司，但之前从来没有见过面，而他们两个人却能在酒会现场聊得十分投机。李凯对张艺说的第一句话并不带任何的刻意性，而是根据自己看到的情景，随意地给予张艺一点提醒。接着又讲了自己第一次参加酒会时候的尴尬往事，在一阵笑声之中，很自然地让张艺心里对陌生人的紧张感得到消除，从而也开始分享自己的故事，让这场谈话得以继续。

当我们不知道怎么开头的时候，就可以根据自己看到的情景真诚地提一个问题或是给予关心。这种无意识的谈话，就是一种与陌生人之间最简洁的沟通技巧，只需要几句话就可以打破僵局。

但是我们在与人的相处中，总会涉及到隐私问题，特别是面对一个刚认识的人，这个问题就变得尤其敏感。当我们遇到这个情景的时候，该怎么做才能既不驳人面子，又不阻碍正常的交际活动呢？

李健是一家公司的销售代表，有一次他和朋友一起吃饭的时候，在朋友的牵线搭桥之下，他认识了一位新的个体户老板。李健和老板寒暄几句，又喝了几杯，彼此便算是熟了。聊天过程中，李健无意之间却问出了一个这样的问题：“最近您进的那批货是什么价格？”话一出口，李健便觉得不妥，但是问题已经说出口了，后悔也没有用了。

由于激烈的竞争，个体户在进货价格这一块都保密，是不会对外人说起来的。现在李健问出了这个问题，想要个体户老板回答他是不可能的。但是如果不给他答复，似乎也不太好，毕竟两个人才刚刚认识。

正在李健觉得左右为难的时候，听到个体户老板开口说话了：“那我问你，你能做到保密吗？”

李健顿时觉得老板真是太信任自己了，所以立即拍着自己的胸脯说道：“可以可以，我绝对保密。”

个体户老板笑了笑说：“那太好了，我也能保密。”这句话引得两个人哈哈大笑，而李健持续这么久的尴尬自然也烟消云散。

我们与人第一次交谈的时候，总会出于自己的习惯对实际情况欠缺某种考虑，就像李健一样随口就问了一个比较隐私的问题。这样一来就将自己陷入了一种尴尬的局面，但好在对方用一句幽默的话语及时化解，不然这段关系就没办法继续发展下去了。所以，第一次见面，我们要尽量避免去打听别人的隐私，这不仅是对别人的尊重，也是自身素质的一种体现。

很多情况下我们接触到的陌生人除了客户之外，还有我们的相亲对象。第一次见面的时候，怎么说可能会显得比怎么做更加重要。

有一位年纪比较大的女士一直没有找到合适的人结婚，所以身边很多人为她介绍。这天，又有人给她介绍了一位同事家的男孩子，人长得高大还挺帅气，这位女士很满意。

第一次见面的时候，他们去了一家西餐厅。那位男士看起来有些拘谨，时不时地抠一下自己的大拇指。他觉得这种气氛太尴尬了，为了缓和一下，他夸奖了一下对面的女士："我觉得你本人比照片好看多了。"

"真的吗？哈哈，太开心了。"女士有点不太好意思。

"不是，我开玩笑的。"那位男士一边说着一边笑着，好像在为自己的幽默感到自豪。他完全没有注意到对面女士布满黑线的脸，最后这场相亲以失败告终，他们两个也没再联系。两个陌生人的初次见面，开场白是很重要的。虽然这位男士刚开始对女士容貌上有所夸奖，但后面补上一句自己是在开玩笑，相当于否定了之前自己对女士的夸奖。我想，这个世界上没有哪个女人愿意听到别人嫌弃自己相貌的话。开场开得好，很大程度上决定了聊天能否愉快进行。

吴小姐和夏先生也是第一次见面，他们见面的地方离吴小姐住的地方有 30 多公里。

夏先生说："你过来这儿方便吗？你是怎么过来的？"

吴小姐说："我换乘了好几次公交，又坐了一次地铁才来到这儿，路上总共花了两个多小时。”

夏先生说：“这也有点太远了，来回很不方便。”

吴小姐说：“是有点远，但为了找到自己的真爱，再远也还是要来的。”

夏先生说：“你的诚意让我很感动，这样吧，如果你觉得我还可以，以后出来约会的时候，你就不要跑这么远了，换我去你那边吧。”

后来他们两个人真的走在了一起，而夏先生也没有食言，每次约会都会坐几个小时的车去吴小姐家所在的地方。

与别人第一次见面互相寒暄的时候，可以不经意地透露自己为此次见面所付出的时间和精力成本，在显示自己诚意的时候，也会让对方对你产生信任，愿意和你交谈更多。

表达秘籍

1. 将生活中经历过的或者看到过的事情讲成故事，这是一种很好的打开话匣子的方式。

2. 可以提一些问题来引发对方思考和交谈，最好是一些开放性强也比较容易回答的问题。还可以用请教的形式来突出对方的专业优势，活跃谈话氛围。

3. 学会借题发挥，如果对方是一个喜欢搞怪之人，就接住他的话题继续扯一些好笑的内容，这样可以快速消除人与人之间的陌生感。

·接收有价值的信息，而非表象信息·

很多人在说话的时候并不在意自己的言辞和语气，如果恰好因此让听他说话的人产生了某种误会，他又希望别人能理解和包容自己的坦率和个性，一句“我说话就是这样”，就想让别人承担起所有的责任。即便是关系再好的朋友，有时候也会被我们无心的话语伤害到。说者无心，听者有意，我们在生活中尤其要分清场合，注意自己的用词与情绪，以避免朋友或家人之间产生误会。

俗话说，说出去的话就是泼出去的水，当你意识到自己的话给别人带来不适或者伤害的时候，再想要收回就不可能了。既然如此，我们能做的就是管好自己的嘴巴，说该说的，做该做的。

传说有一位云水僧非常崇拜无相禅师高超的禅道，非常想要会一会他，一起辩论一下禅法。不巧的是，云水僧前去拜访的时候，无相禅师正好有事外出了，禅师身边的一位小沙弥出来接待了他。小沙弥对云水僧说：“禅师今天不在，如果你有什么事情我可以代劳。”

云水僧打量了一下小沙弥，笑着说道：“你的年纪太小了。”

“年纪虽然还小，但我的智谋不小。”小沙弥自信地回答道。

云水僧听小沙弥这么一说，心里觉得还不错，于是就用手指朝小沙弥比画了一个小圈圈，又向前一指。小沙弥见此，用手画了个大圈圈。而云水僧伸出一根手指头，小沙弥则伸出了五根手指头。接着，云水僧又伸出三根手指头，小沙弥只是举起手在眼睛上比了一下。

云水僧见状，竟然诚惶诚恐地跪下了，他朝着小沙弥拜了三下就掉头走了。走的时候，他在心里琢磨道："我刚刚用手比画了一个小圈圈并向前一指，是想问他，你的肚量有多大。而他将双手摊开，又画了一个大大的圈，告诉我他的肚量有大海那么大。当我又伸出一根手指头问他自身如何的时候，他却伸出五根手指头说受持五戒。而我忍不住又伸出三根手指头问他三界如何的时候，他用自己的手指了指自己的眼睛，告诉我三界就在眼中。一个小小的沙弥，道行就已经如此高深，那无相禅师的修行肯定更是高不可攀。所以，我还是走为上的好。"

过了几天，无相禅师从外面回来了。小沙弥就上前去给无相禅师报告了此事。他说："师父，不知为何，那位前来拜访的云水僧知道我出家以前是卖饼的，他在我面前用手比了一个小圈圈，说我家的饼只有那么大一点。我摊开自己的双手告诉他，我们家的饼有这么大。他又伸出一根手指头问我这个饼是不是一个一文钱，我伸出五个指头告诉他这个饼要五文钱一个。他又伸出三个手指头问我三文钱可不可以买一个，我想着这个人太没良心了，于是用手比了比眼睛，告诉他他太不识货了。可是，那个人却马上就被吓跑了。"

在这个故事里，云水僧和小沙弥都在按照自己的理解和猜测来判定对方话语的意思，而结果就是两个人的理解都出现了偏差。但这种现象在生活中偏偏又极为常见，说者无意，听者有心，我们有时候说出去的话本来想要表达一个意思，却经常被人误解成为另一个意思。这个时候，就需要我们控制住自己拼命想要去表达的欲望，而是少说为好。

以前看过一个新闻，说的是一位奶奶带着自己的孙子坐火车回家。途中，由于自己带的东西有点多，旁边有一位年纪相仿的陌生人帮她提了提行李，这位奶奶十分感激。上车以后，他们的座位正好挨着，于是他们就展开了愉快的聊天。

在聊天过程中，那个陌生人所有的焦点都在奶奶带的孙子身上。他不停地向她打听关于孙子的情况，而奶奶也很乐意讲给他听。小名叫什么，喜欢吃什么东西，爱听什么歌曲，爸爸妈妈叫什么名字等都说得非常详细。后来奶奶到站了，那个陌生人也跟着下车了，他谎称帮奶奶把孩子抱下车。但抱起孩子后，他就快速地甩掉奶奶自己走开了。奶奶见势不妙，赶紧上前去追。在这期间，有围观群众将陌生人和孩子拦下，让他证明自己是孩子的亲人。于是他将刚才听来的信息一一重复了一遍，说完就带着孩子头也不回地走了。等奶奶追上来的时候，他们早已经不见了踪影。

在亲人和朋友之间，我们需要多加注意的是“说者无意”，以免自己说出来的话伤害到身边和我们关系亲密的人。而如果面对一个完全陌生的人，我们就要多加防患“听者有心”，以免自己无意间透露出什么信息，被他人利用，伤害到自己。

表达秘籍

1. 我们说话的时候要注意四个前提：时间、人物、场合、事情。不仅要理解一个人的外在表象，更要关注他的内心想法。这样才不至于自己说话得罪了别人，还蒙在鼓里不自知。

2. 有些信息对于你来说可能价值不大，但对于别人来说却相当有价值。或许你无意间透露的东西正是他寻找已久的问题的答案。你说出来的话没什么毛病，但就怕被别有用心的人利用。

3. 提高自己的表达能力，才能尽量减少表达误会的产生。而控制自己的表达欲望，也才能让自己少招惹口舌之祸。

第6章

看欲言又止，懂言外之意

面对陌生人，或者关系不太近的朋友和同事，我们大多数人都会遇到冷场的尴尬，怎样去寻找话题，或者怎样让谈话顺利又愉快地进行下去呢？这就需要我们找到对方的兴趣点，而不是盲目地没话找话。通过观察对方的言行举止，来领会其中的深意。

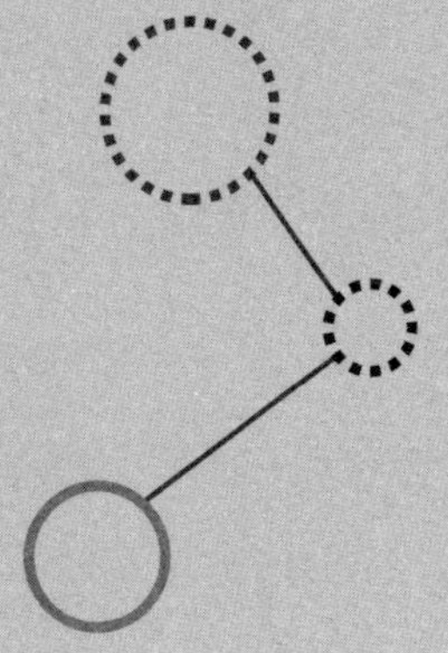

·一个眼神是怎么胜过千言万语的·

在人与人的交流之中，虽然大部分都是靠语言在传达信息，但我们不能忽略的是，眼神也是交流过程中的一个重要因素。它可以用来交换彼此的信息，建立自己和他人之间的信任，也加深双方之间的理解。我们知道，人在不同的心理作用下会产生不同的眼神，所以通过目光的接触，我们可以更清晰地知道一个人的心情或态度。

通常那种不习惯别人注视的人，或者在别人注视自己的时候马上就将视线移到别处的人都是很自卑的人。而与人对话的时候，视线不集中在对方身上，并且在短时间的注视后就马上将视线收回的人，大多是不擅长交际且性格有点内向的人。还有就是，在听对方说话的时候，视线不在说话人的身上，却还在点头的人，大多是对别人所讲的话题没有兴趣。相反，如果在交流过程中，将目光集中在对方的脸部或者眼部，表达的就是一种真诚的倾听，是一种尊重别人的表现。

萱萱是一个上初中的孩子，家里为了提高她的学习成绩，特意给她请了一位家教来对她进行辅导。有一天，萱萱妈妈带着她去见那位辅导老师。见面寒暄过后，辅导老师问萱萱，平时数学成绩怎么样，上次期末考试得了多少分。

但不巧的是，上次期末考试萱萱考得特别差，所以被这个问题问得有些窘迫。她有点尴尬，不知道该怎么回答辅导老师。所以她面红耳赤地望了一眼妈妈，而妈妈也正朝她看。就在她们对视的那一瞬间，妈妈马上就明白了萱萱的心思。她连忙给萱萱打了个圆场。而萱萱在妈妈的眼神里也读到了鼓励，所以那一刻变得很安心。

在萱萱被辅导老师的问题问得不知所措，甚至有点尴尬的时候，虽然什么也没有对妈妈说，只是向她投递了一个眼神，但妈妈就已经全然知晓。此时的一个眼神，胜过了很多言语。她知道萱萱此刻的心情有些窘迫，需要有人来替她解围。

所以，眼神的沟通在日常生活中占据着一份很重要的地位。这不仅是两个人之间默契度的体现，还是一个准确信息的暗示。如果我们能够将眼神包含的信息解读清楚，沟通与交往就会变得更加轻松，也会变得更加有趣。

有一次，张艾嘉在《开讲啦》的节目中跟一位观众互动。她随机挑选了一位年轻的女孩子，观众上台以后，张艾嘉做的只是跟这个女孩子对视。一分钟过去以后，女孩子竟然控制不住地泪流满面。但在这个过程中，她们一句话也没有说过，却迸发出了无数的情感。

张艾嘉说，有时候，现代人说的话太多了，这种目光上的凝视能够直达人心。虽然不说一句话，但情感的交流却一点都不少。这个节目播出去以后，很多观众效仿这一行为，在家与亲人对视，他们做着很简单的动作，两个人面对面，互相看着对方的眼睛。这种关系里，不管是父子、母女、兄弟还是姐妹，在短短的三分钟里，都难以掩饰内心的情绪，直接流出了眼泪。

眼神的直接交流，比言语更胜一筹。都说眼睛是心灵的窗户，所以有时候眼睛比嘴巴更容易表达出一个人的真实内心。当你真情流露的时候，眼睛是最欺骗不了人的。一位心理分析师对此就提出过自己的看法：“对视是人性中的本能，是人类情感和爱的一种表达。”

不管是动物还是人类，眼神都会藏有情感，所以眼神交流才会显得更加真实可信。

很多事实都在告诉我们，眼神在人际沟通中天生就带着一股神奇的力量。我们可以由此看到爱意或鄙视，看到鼓励或期待，看到欣喜或不满。种种感情，我们都能通过读取一个人的眼神来获得。

表达秘籍

1. 瞳孔的变化和眼球的活动都是直接受人的大脑支配，所以感情能从眼睛里自然流露，复杂多变的心理活动也能由眼睛直接反映。

2. 与别人交流的时候，保持眼神交流虽然是一件好事，但如果只会死死地盯着别人看，只会让人感到不舒服、不自在，从而想尽快结束这场对话。

3. 如果你想要赢得与别人的争辩，那么你就不能忽视眼神的威力。用坚定的目光去注视对方，说服别人这件事就会变得相对简单。

·没话找话比沉默要尴尬·

我们平时在生活中没少遇到这样的场景：两个人，或者一群人待在一起，彼此都保持沉默，或者是原本说话说得好好的，突然之间陷入一种沉默。这时候，人们就会觉得很尴尬。所以会有人忍不住去努力寻找话题来打破这种尴尬，殊不知，这时候的没话找话只会让人觉得更加尴尬。因为我们与人对话的目的是交流，是为了表达自己的意愿，是维持一段关系的方法，而非为了掩饰尴尬。

会对沉默产生焦虑的一方，一般都是在一段关系中处于弱势的一方。他们担心别人因为沉默而对自己产生厌烦或质疑，当这种情绪被无限放大的时候，他们就会产生巨大的心理压力，进而让自己陷入尴尬，只想快点找个话题来缓解眼前的局面。但这时候，因为心理负担太重，聊天通常都不太走心，所以一段“尬聊”就这样产生了。

有一句是这样说的：“宁愿保持沉默让人看起来像个傻子，也不要一开口就证明自己的确如此。”作家梁实秋有一位朋友，平时不怎么爱说话。有一次他去拜访梁实秋，进门的时候只是面带微笑地看着梁实秋，并无一语。梁实秋安排他入座以后，在心里寻思要考验一下这位朋友的定力，看他能保持多久的沉默。

于是，梁实秋也和以往不一样，对着这位前来拜访的朋友沉默不语。他们就这样坐着，听着墙壁上的时钟发出嘀嘀嗒嗒的响声。梁实秋有点忍耐不住了，打开一盒香烟，顺便也给友人递了一支过去。友人接过烟，就吧嗒吧嗒地抽了起来，仍然不说一话。而后，梁实秋又为他沏上一杯茶，友人喝了三碗起身告辞。而在这个过程中，自始至终也没有说过一句话。这一次的造访，也让梁实秋相当难忘。

他说，经常有人过来拜访他的时候，第一句话总要说："您今天没出门呢。"每当听到这个，梁实秋都在心里思忖："我当然没有出门，如果我出门了，现在还怎么给你开门？那岂不是活见鬼了？"他觉得，人们说这话并不是对他没有出门这件事情表示惊讶。人在家中是再寻常不过的事情，怎么会有人为此感到惊讶呢？所以这句话只是没话可说时的一句没有多大意义的废话。如果是这样，还不如不露声色沉默的好。

而之前那位友人，虽然也过来拜访他，可能也不知道该说点什么，所以最后什么也没有说。既没有拉着梁实秋强聊天，也没有尴尬局促得不知所措。他这种无话可说就不说的行为，反而显得自然不做作，也给人留下深刻难忘的印象。

如果是两个陌生人，彼此之间靠得太近了就会觉得很尴尬。所以很多人在这样的场景之下就会开始努力寻找话题，进入没话找话的寒暄模式。你问一个问题，然后对方回答一下，有一搭没一搭地进入这种循环。在一段没有营养的对话结束之后，两个人又陷入到了之前的沉默。可是这一次的氛围，比原本的气氛还要尴尬。

下面几段对话，简单明了地向我们阐释了没话找话的操作到底有多尴尬。

一位网友晚上和自己的爸爸妈妈视频，正说着话的时候，妈妈突然起身去倒水，只留下网友和爸爸陷入沉默。他们都不知道该跟对方说点啥，于是网友率先开口："我今天晚上要和同事一起出去吃饭。"而爸爸虽然不知道该怎么接，却背负着一种打破尴尬的责任感。于是他接着说："噢噢噢，要跟同事吃饭啊，那同事跟你是一个单位的吗？"

此话一出，网友真是不知道该哭还是该笑。

有两个相互不是很熟的朋友在电话里聊天，他们不在同一个城市。

"你那边今天天气怎么样？下雨了吗？"

"正下着呢。"

"哦，那你那边的雨下得怎么样？"

"我觉得下得挺好的，你要不要夸夸老天爷？"

突然感觉，空气里满满的都是尴尬。

以前还碰到一个人，在理发店理发的时候和理发师闲聊。

理发师问道："你是做什么工作的？"

"我是搞设计的，你呢？"

理发师被这个问题难住了，满脸的"黑人问号"脸。

为什么我们一定要将这种驴唇不对马嘴的对话硬聊下去呢？很多人说如果对话突然中断，出现了短时间的冷场，会让人无所适从，感觉全身的每一个毛孔都很不自在。所以只能尴尬而不失礼貌地微笑，四处看看之后再掏出手机来慌忙应对。

如果我们实在不知道该说什么，或者实在想不到有什么可以聊的话题，不妨真诚地告诉对方，自己不是一个特别能说话的人。这样一来，对方可能也会放松自己，不再为了寻找话题而绷紧神经，如此反而能拉近彼此的距离，在这种自然的状态之下，人们才能由一个话题聊到另一个话题，进而聊到很

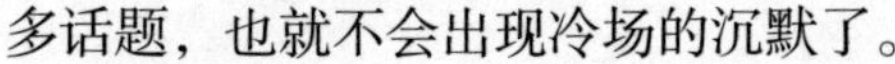
多话题，也就不会出现冷场的沉默了。

表达秘籍

1. 不要害怕尴尬，更不要觉得尴尬。这样才不会心里紧张，进入到尴尬的死循环。

2. 不要误把对方的无话当作一种对你的冷漠，这种沉默不是有人故意而为之的，而是因为彼此之间不太熟络的关系，或者不太亲密的联系造成的。如果因此产生心虚，就会让自己想要通过寻找话题来进行弥补，造成尴尬的局面。

3. 面对沉默，如果我们反复在心里跟自己强调没话可说这件事情，就会给自己造成不良的心理暗示，从而导致交流障碍。故意的改变并不能让情况得到好转，只会让自己更加焦急和紧张。

·找准兴趣点，投其所好·

在与别人的聊天过程中，我们如果遇到自己感兴趣的话题，就会情绪激动地说个没完。所以，有时候我们为了与别人建立有效沟通，就需要去寻找别人感兴趣的话题，让对方积极参与进来。这样他才能和你有一个更进一步的交流，愿意为这场谈话付出时间和感情。

为了找到对方的兴趣点，我们需要提前做一些准备工作。比如搜集一些对方的平生经历，找出他对自己经历的得意之处，或者是他最擅长做的一些事情。从这些方面入手一般都会比较容易激起对方的表达欲，让他觉得你是一个难得的知音。如果是在毫无准备的情况下，需要和对方建立交谈，那就说一些吉祥祝福之类的话，以免在不够了解的情况下碰到对方的禁忌。总之就是要投其所好，让对方有强烈的意愿来把自己讲给你听。

匈牙利有一位作家，名叫米尔沙特。在他成名之前，出版社对他的态度都很冷淡。很多时候都是他亲自去给出版社送稿件，但却被编辑不耐烦地拒绝，甚至直接将他赶出出版社的大门。而他拿过去的稿子，编辑们一眼也不看，他们告诉米尔沙特，说他的稿件是垃圾，让他直接扔到垃圾桶里去，不要在这里浪费他们的时间。

这样连遭拒绝之后，他感到颇受打击。但他并没有放弃投稿，而是调整了一下自己的投稿思路。他后来还是会带着自己的稿件去出版社，但他不再和过去一样，一去就主动谈及自己的作品。而是特意找一些编辑们感兴趣的话题和他们聊天，比如他会谈到某位编辑刚刚出版的一本书，并对其中的一些内容加以陈述和点评。

这样过了一周之后，他再去出版社的时候，那些编辑们就会放下自己手上的活，围过来听他说话。因为每个人都想听到别人对自己所出版的书的看法，所以在后来的日子里，米尔沙特和编辑们成了朋友。以后他再去投稿的时候，再没有被赶出过门外。这对他日后作品的成功发表，是非常有意义的一件事。

最初他并不知道，那些编辑对自己手上的稿件并没有兴趣，所以才会将他轰出门外。而当他调整策略、改变思路以后，他就不再提自己的作品，而是将关注点放在编辑身上，放在他们出版的作品身上。这样，编辑才会停下正在干的活，过来听他说。米尔沙特也就顺理成章地与他们建立了联系，实现了编辑对他从没有兴趣到有兴趣的转变。

卡耐基曾经也提到过，如果想要和他人顺利沟通，并成功地获得他人的好感和认同，最好的方式就是和他谈论他感兴趣的东西。这也是中国古人所谓的“酒逢知己千杯少，话不投机半句多。”不论是长篇大论的演讲，还是只言片语的对话，要想让别人真正静下心来听你讲，那你说出来的话就要说到别人的心坎里去。

有一家餐厅生意十分火爆，每天都是宾客满座。但是餐厅老板年纪大了，自己又没有继承人，所以就想从餐厅的三个经理里挑选一个出来作为总经理。于是，老板将他们三个都叫了过来，问了他们同样一个问题：“你们觉得是先有蛋还是先有鸡？”

第一位经理想了想，回答道：“先有蛋，再有鸡。”

第二位经理回答道：“不对，应该是先有鸡再有蛋。”

轮到第三个的时候，他用一种不容置疑的口气说道：“如果客人先点蛋，那就是先有蛋，而如果顾客先点鸡，那就是先有鸡。”

直到听到这个答案，餐厅老板的脸上才有了笑容。他高兴地把第三位经理定为了总经理，并对他说，将餐厅交给他，自己放心。

在这个小故事中，第三位经理受到了老板的青睐，因为他懂得投其所好的营销法则。不管是在生活中，还是在生意上，我们都需要用这种方式来拉近自己与别人的距离。

当你找准对方的兴趣点后，你所说出来的话就能深入人心。反之，如果你和他人的兴趣对着来，那只会招来反感与不悦，给自己带来麻烦。

表达秘籍

1. 知己知彼，百战不殆。当我们说起他人感兴趣的话题，并站在他人的角度去分析问题的时候，通常会给人留下通情达理的印象。而你后面要说的话，也会变得很有说服力。

2. 在谈话过程中，我们要学会通过对方的手势和身体姿势来判断对方的心理变化，从而更加准确地表达自己的话语。因为语言不仅仅只是包含说出来的话，还有重要的一项就是身体语言。

3. 一般情况下，当两个人的观点和意见保持一致的时候，他们之间就更容易产生信任和肯定。所以，根据对方的谈话兴趣点去展开聊天，更能与对方和谐相处，实现进一步的交流。

·保持神秘，让对方猜你的欲言又止·

我们说凡事都要留有余地，做人如此，说话也是如此。有些时候有些场合，我们不能把一句话说得太满，或说得太死。当你对某件事欲言又止的时候，别人就会想到要去体味其中深一层的含义。俗语说："福不享尽有余德，势不使尽有余力，话不说尽有余地，事不做尽有余路，情不散尽有余韵，心不用尽有余量。"这种为人处世之道，在现今社会被广泛应用。

中国人不管与谁说话，都很讲究含蓄二字。针对某件事情，特别是难以启齿的事情，总是不会直接去表达，而是用特别委婉的字眼点到为止。当然，言有尽而意无穷，别人也总是能够猜测出其中的真意。因为他没有说出来的话往往饱含深意，欲言又止的时候，别人就能领会他的真实意图。

一家宾馆的服务员，发现有一位姓马的先生，在办完结账手续以后并没有离开宾馆，而还在宾馆住着。他不知道该怎么办，因为如果直接跑过去问顾客什么时候走，好像有点赶人离开的意思，这样太不礼貌。但如果不弄清楚这个问题，又担心马先生住完店不给钱。

于是，这位服务员找来了店里的一位很擅长公关的女士。她来到马先生所住的楼层，敲开他的门。

"您好，请问您是马先生吗？"

"是的，请问您是哪位？"

"我是宾馆的一名员工，听说您生病了，之前也没来看看您，真是不好意思。过去了这么多天，请问您现在好点了吗？”

“感谢您的关心，我现在好多了。”

“听说您昨天晚上已经结过账了，但却没有走成。这几天的天气是有点不太好，您的航班是不是因为天气原因取消了？您看我这边能为您做点什么吗？”

“噢，真是感谢你，我昨天晚上之所以要结账是因为我表哥今天要回来，我不想账目太多结一次算一次。而我的病还需要复查几次，再观察观察。”

“马先生，您不用客气。您有什么事情尽管吩咐我们，我们能做到的会尽量帮忙做到。”

“好的，谢谢你们了，有事的话我一定去找你们。”

说完之后，公关女士就离开了。而问题也迎刃而解了，并且达到了很好的效果。这位女士去找马先生，就是想要弄清楚，结完账后他为什么还不走，是不是有什么难以说明的原因。但这个问题如果直接拿出来问的话，可能会得罪客人。所以她只是说了一些无关主题的话，对那个问题只字未提。但马先生马上就明白了她的意思，把自己结账而没有离开店的原因讲得很清楚。这样，既没有伤害到客人的面子，还把问题很好地解决掉了，这就是一种说话的技巧。

做事有分寸，说话有弹性。这样才会让自己进退的空间变得更大，不管是在同事之间，还是在亲人之间，甚至是陌生人之间，都要把握好这一点。进时有度，退时有路。懂得了言语之中的分寸，你生存的空间就又多了一条路。

一座寺院里收进来一些新的弟子。刚进寺院的那段时间，不管他们说什么，还是做什么，住持都从来不给予批评，反而还想方设法地去夸奖他们。时间久了之后，有些弟子就变得自以为是，开始膨胀翘尾巴了。有时候犯了一些错误，自己还不以为意，甚至毫无察觉。

有一天，其中的一位新弟子又犯错了。住持叫上他和当家师一起到禅室里来见自己。他们刚到，住持就开始批评当家师，而且批评得很厉害。那位新弟子见状，心里感到很得意，想着当家师平时就喜欢管着自己，没想到他也会有今天。

住持教诲当家师的时候，他并没有生气顶嘴，而是恭顺谦和地一直在旁边答着："好的，好的。"

但是到后来，新弟子发现气氛有点不对。因为住持在批评当家师的时候，却在用眼神瞥着自己。他再仔细一听住持所说的话，原来刚才他所批评的那些事情全部都是自己做出来的，跟当家师一点关系也没有。想到这里，新弟子觉得十分惭愧。他知道住持和当家师都在维护自己的面子，并没有拆穿他的行为和过错。这样比直接对着他批评还要来得深刻，他也学会了在以后的生活中该怎么去对待别人。

显然，住持和当家师都知道新弟子所犯下的错误。他们想要教育他，却并不直接点名批评。而是让新弟子去领悟自己没有说出来的话，让他明白这次批评的并非当家师，而是新弟子自己。

说出来的话只是我们表达的一部分，而还有一些特别的用意都藏在我们没有说出口的话语里。我们在和别人交流的过程中，没必要把什么话都说得清清楚楚，明明白白，不给对方留任何想象的空间。这种交流是肤浅乏味的，只有当别人用心去领悟你的言外之意，才能达到交流最好的效果。

不管是教诲还是苦衷，每个人都有想说又不想说的时候。有时候解释一个误会，话说得越多，误会好像变得越深。而有些欲言又止，反而让人看得更加明白。所以，用没有说出口的话去表达想要表达的意思，可能会起到意想不到的效果。

表达秘籍

1. 人都习惯用第一印象去定好坏，当他觉得一个人很好的时候，就会爱屋及乌，喜欢他的所有。而当他觉得一个人坏时，就会否定他的全部。说话方式也是我们的一种外在形式表现，能给人留下良好的第一印象，就是一个最大的赢家。

2. 当有些话不好直接开口说的时候，我们可以将内心的想法投射到我们的表情或者肢体动作上来。这样不需要说太多言语，别人就能觉察到你的真实意图，避免一些不必要的冲突和尴尬。

3. 话说得太多了以后，会让人觉得无法消化。有些话点到为止，反而留给人思考的空间。这样的做法其实也是对他人的一种尊重，可以让你们之间的谈话氛围保持愉快。

·批评也要讲方法·

领导对下属，老师对学生，或者家长对孩子之间，都会不可避免地用批评作为一种强化手段来进行管理。很多人都在寻求一种方法，就是既可以降低人们对批评的抵触情绪，又要能让批评的效果尽可能地理想化。有时候，当我们去批评别人的时候，我们可能对对方并没有一个全面的了解和认识，所以会想当然地用自己的理解方式评判他人。

有研究表明，大部分人在听到别人批评他们的时候总会感到不舒服。因为人们都是习惯为自己的行为来辩解，力求让他人去相信自己是对的。这种方式和人的心理适应能力相符合，所以当我们用放大镜去看自己的错误的时候，才能对别人的错误有一个比较公正的评价和处理。

有一段时间，戴尔·卡耐基的侄女约瑟芬在给他当秘书。刚刚接触到这份工作的时候，约瑟芬还有点不太熟练。卡耐基见她工作上手太慢，心里很着急。有一天，她又犯了点错误，卡耐基正想要批评她，脑子里突然冒出一个想法：“等一等，先别着急去批评她，你自己比她大那么多，照理说工作经验也应该比她多很多才是。如果你用你的标准去要求她，那是不合理的。她现在只有十九岁，想想你自己十九岁的时候又是怎样的？可能犯过的错误比这个要严重多了！”

想到这里，他对约瑟芬的错误也就没那么生气了。他只是在旁边提醒道：“约瑟芬，你在工作上出了一点小差错，但是我像你这么大的时候，也许犯过比这个更严重的错误。每个人都不是天生就会工作，这是需要一定的经验积累的。那时候，我可能还不如你呢！我并不是想要批评你，但如果你能听取我的经验，以后的工作可能会做得更好。”

卡耐基在批评自己的侄女之前，先对她阐述了自己的错误，承认世界上没有十全十美的人，这种方式会让侄女比较容易接受一点。比起直接指出错误，甚至大发脾气，自我批评走在批评的前面，会让人更主动地去思考自己的行为。

美国实业家玛丽·凯·阿什说过：“不管你要批评什么，都必须先找出对方的长处来赞美。批评前批评后都需要这么去做，这就是我所提倡的三明治策略——夹在两大赞美中的小批评。”

解决问题的时候，方法实在是太重要了。我们说批评他人之前，先反思一下自己，这样比较让人容易接受。其次就是，我们要学会肯定别人，批评之前要赞美，批评之后也要赞美。

在某公司的项目部，有一个既年轻又漂亮的文职人员。但是她在工作中经常因为自己的粗心大意而出错，不管是大的错误还是小的错误，她都是屡犯不改。有一天早上，这位漂亮的女士穿着自己新买的衣服和鞋子去项目部管理员办公室送一份文件。刚走进办公室的时候，主任就对她说：“你今天真漂亮呀，这套衣服也很好看，颜色和样式都非常适合你，很会挑。”

这位女士听到这番夸奖以后，心里感到美滋滋的。紧接着，主任又开口了，他说：“你先不要太得意，我希望把衣服穿得漂亮的同时，工作也要干得同样漂亮。这样你就相当出色了。”文职人员听到这里，明白了主任是在批评自己平时工作不太认真、喜欢出错的毛病。从那次以后，她就变得谨慎多了，在工作中变得越来越细心了。

项目经理发现了她的变化，觉得非常吃惊。他跑过去问主任：“您是怎么做到的，能想到这么一个好办法？”

“这其实也不难，你在理发店刮过胡子吧，那些理发师在刮胡子之前，总是先涂上一层肥皂水。这样做的目的是什么呢？就是为了不弄疼顾客。先褒奖再批评，也是一个道理。”

主任在此使用的方法就是先褒后贬，他其实主要是为了批评文职人员在工作中的不足之处，提醒她以后要多加注意和改正。但是他并没有直接指出来她怎么能这么做，或者怎么能那么做。而是先对她夸奖一番，说她的衣服漂亮，很会挑，继而才委婉地借助衣服漂亮对其工作提出自己的意见和建议，而最终也收到了意想不到的效果。这就是批评的方法和策略。

有一个刚上一年级的小男孩，有一天家里只有他一个人，但外面又下大雨了。由于作业比较多，他没有注意到，所以没有及时关上家里的窗户。后来小男孩的妈妈回来的时候，看见家里的床和地板都湿了，就很生气。她对着小男孩大声骂道：“你在家，下这么大的雨，你为什么不关窗户？你怎么这么没用？”小男孩瞬间就哭了，他委屈地说道：“我今天作业太多了，没想到要关窗户。”

过了一会儿，爸爸回家了，他看见孩子在哭，就走过去问他原因。男孩子低声地说：“因为写作业忘记了关窗户，下雨把家里打湿了，妈妈骂我了。”

爸爸听完对他说：“你今天的功课太多了是吧？”

“是的。”

“假如你的作业没有这么多，你就会想到下雨需要关窗户了是吧？”

儿子点了点头，表示爸爸说得是对的。

“假如五分钟以后，还会下一场大雨，你会怎么做呢？”爸爸又问道。

儿子想了想，立刻跑过去将窗户关了起来。回来以后问爸爸：“这次能给多少分？”

爸爸说只能给八十分，因为阳台上还有花盆没搬到地面。儿子再次跑过去，马上将花盆搬了进来。

一段时间以后，又下大雨了，儿子没用人提醒，自己主动跑过去就把家里的窗户全部关了起来。而且按照爸爸告诉自己的，将阳台上的花盆搬到了地面。

如果按照小孩妈妈的批评方式，估计小孩在以后还是学不会下雨关窗户。而且那种暴风雨式的责骂，还会严重打击到小孩的自信心，对以后的健康成长极为不利。而爸爸善于引导，他没有大声去责怪，而是用润物细无声的方式来引导小孩。这样不仅让他知道了自己的错误之处，还让他明白了在以后的生活中，遇到类似的情况具体应该怎么去做。这才能起到教育的效果，有利于孩子的身心健康。

表达秘籍

1. 对于自尊心比较强的人，最好的批评方式就是先扬后抑的方法。先找到这个人做得比较好的地方，提出来并给予赞扬。之后再从全局出发，指出做得还不够的地方。告诉他，如果能够这样，事情将会变得更加完美。

2. 针对小孩子，我们不适合给予强烈过激的批评，而应该多引导，多教育。比如用讲故事的方式给孩子以启发，一步一步引导孩子去思考，指出错误的同时还要告诉他们应该怎么做，这才是完整的教育步骤。

3. 如果是在公众场合，必须对某人提出批评或者意见，不妨用幽默轻松一点的语气。这样不至于将气氛搞得沉重，也能维护他人的尊严。

第7章 分寸感是沟通的基础

沟通的尺度其实是一门很高深的学问，有时候我们会因为自己表达得太少，从而让自己错失良机；而有时候我们又会因为自己过度的表达而惹来麻烦。怎样避免这种分寸感的缺失呢？这就需要我们多多体会并尊重对方的感受，这是沟通中的一个重要的基础和原则。

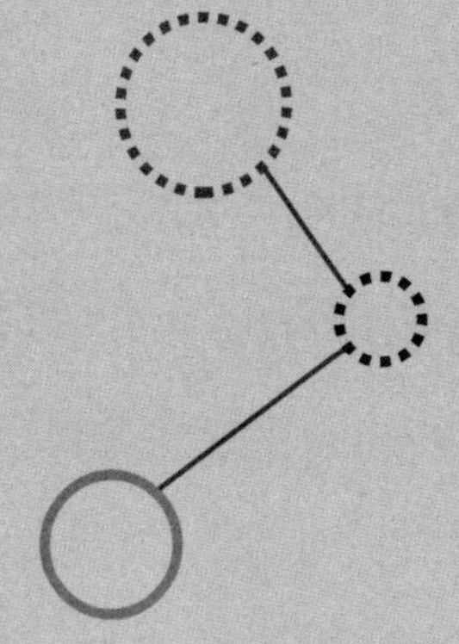

·寒暄要有度·

在生活中，我们与朋友见面时候的开场白，或者为了拉近彼此之间的关系进行的一些简短对话，就是我们所说的寒暄。其实，我们从字面上也不难理解，寒暄就是嘘寒问暖，就是问候与应酬。这种说话的方式是自我推销和人际交往的常用交流方式，可以让沟通变得更加顺畅。

比如我们平时说的："你吃饭了吗？"或者："你在哪里高就？"这些话都是很常见的寒暄之语。这种简单的问候虽然是很常见也很普通的话语，但在我们的人际交往中却起着十分重要的作用。人们在初次见面的时候，一般判断一个人的依据就是对方给自己留下的第一印象。如果觉得印象还不错，那你给对方的吸引力自然也会增加。反之，对方就会对你产生排斥，不愿意和你沟通交流。所以，适度有效的寒暄，是开始一段良好人际关系的第一步。我们要把握好寒暄时机，用自己的语言能力为自己带来更大的成功。

贝尔纳·拉迪埃是一家空中客车飞机公司的销售高手。当他刚应聘到这家公司的时候，就接到一个艰巨的任务：把自己公司的飞机销售到印度。这个任务一直以来都是公司里比较棘手的工作，因为这笔购买飞机的交易经费已经由印度政府初审，但并没有被通过，而是被否决了。所以，能不能重新打开印度市场，找到新的销售机会，全在于销售代表的谈判本领。

接到这项工作以后，拉迪埃感到压力巨大，但也决定好好尝试一把。他做好准备以后就马上飞到了印度首都新德里，而接待他的正是印度航空公司的主席拉尔少将。拉迪埃见到拉尔少将以后，对他说的第一句话就是："正是因为你，才能让我有这个机会，在自己生日的这一天又回到我出生的地方，感谢你！"

这句话虽然简短，但是在这种场合之下却也非常得体。这个简明扼要的句子包含了很多内容。一方面是感谢客户慷慨大度的赐予，让他得到这次机会，而且还是在自己生日——值得纪念的一天——来到这个他出生的地方。这样一句开场白瞬间就拉近了自己与拉尔少将的距离。后面的结局不说相信你也知道，他的这次印度之行非常成功，工作做得十分出色。

拉迪埃凭借自己熟练的销售技巧，在这家空中客车公司创下了十分可观的销售记录。仅仅是在1979年，他就售出了230架飞机，总共价值420亿法郎。这个辉煌的成绩，和他适度的寒暄是分不开的。

我们的开场白很大程度上就是在为我们的谈话奠定基调，这个调子的好坏直接影响后面谈话的发展进程。因此，我们对这个问题不容忽视，更不能掉以轻心。

凡事都要讲究一个度，寒暄也是如此。适度的寒暄有助于我们工作的顺利进行，但如果失度，则会对我们的工作产生相反的影响，甚至会让我们前期建立起来的良好关系毁于一旦。这里所提到的度，既是对寒暄提出的一个量的要求，也是对其质量方面提出的一个要求。那么，什么是适度寒暄呢？一方面就是指寒暄的话不能多说，能够三言两语解决问题的，绝不长篇大论拖拖沓沓。另一方面就是要提高我们寒暄话语的质量，避免言不由衷地夸夸其谈，而是要走心、真诚。只有这样，才不会让对方对你产生不好的印象，从而妨碍你们交往的进一步进行。

李明经亲戚介绍，认识了一个名叫琪琪的女孩，他对琪琪充满了好感，想要追求她做自己的女朋友。但李明平时在生活中是一个不善言辞的小伙子，每次约琪琪见面，他都不知道说什么好。

有一天下班后，他约琪琪一起吃晚餐。将自己选好的地方发给琪琪以后，他就在餐厅一边玩手机，一边等待琪琪。没多久，琪琪就出现了，他招呼她坐下以后，就开始张罗点菜的事情。

“你今天想吃点啥？”李明拿着菜单问琪琪。

“清淡一点的都可以。”琪琪回答着。

“你吃得真养生，清淡一点对健康好。”李明说完，看着琪琪，但是她只是笑了笑。于是他又接着说道：“那你要不要来点喝的，饮料什么的？”

“我不喝饮料，来点白开水就好了。”

“哇，你真的很注重健康呀，我要向你学习。”李明有点兴奋地说道。

“没什么啦，只是这么多年养成的习惯而已。”琪琪低声说道。

“这个习惯挺好的，我就不行。”

琪琪听到这里，端起桌子上的水喝了一口，不再说话。

整顿饭下来，李明都在讲一些很客气的话，但是得到的回应却并不多。吃完饭以后，李明提出送琪琪回家，却被琪琪委婉拒绝。那次吃完晚餐以后，李明再约琪琪出来的时候，琪琪都会找各种借口推脱。时间一长，李明也就明白了对方的意思。

虽然我们说寒暄是人际交往中的必要过程，但我们并不提倡人际交往的整个过程中就只剩下寒暄。

表达秘籍

1. 要想开场白说得好，首先就得端正自己的态度。主动热情、诚实友善才是寒暄的正确方式。合适的方式、合适的语句、合适的情感才能造就合适的对白。如果我们用冷冰冰的口气对待别人，那么不管你说多么热情的话，别人也会感受到你的态度，对你不屑一顾。

2. 寒暄是我们打开谈话局面的一种方式，但如果没完没了，篇幅过长，时间过长，会让对方听不下去，也接不下去。所以，把握好这个契机，因势利导，回归自己的谈话主题才最重要。

3. 根据实际情况，选择一个话题。可以是当天的天气，可以是一个小小的玩笑，也可以是社会热点和时事新闻。

·沟通有尺度，避免“自来熟”·

很多人想当然地认为，和人自来熟就是一种高情商。我们身边也有很多人很快就能与陌生人打成一片，就算是刚刚还没有认识多久，看起来也像是认识很久了。似乎他们有一种特异功能，那就是与周围所有的人都能很好地相处。当然，我们不可否认的是，这种自来熟的特性对一段新的人际关系的建立确实有很大的帮助。但事实真的如我们说的那样，自来熟就是高情商吗?

研究表明，自来熟性格的人在人际交往过程中很喜欢以自己的喜好为取向，这样他们在做一件事情的时候，就会忽略别人是否能接受，或者是否讨厌这种行为。所以我们衡量情商高低，不能用一段关系的发展速度来评判。当我们忽略了对方的喜好，完全按照自己的方式去处理一段关系的时候，就是一种低情商的表现。

以前有一个大学同学，在学校的时候是一个非常开朗的人。他跟身边的人都是自来熟，没认识多久就和对方混成了好哥们儿。这让他对自己的人际关系很是自信，所以毕业以后依然坚持这种风格。

他和几个朋友一起创建了一家公司，由于是创业初期，他们的公司经历了很多波折。过了没多久，公司状况有所好转，他却被朋友踢出了最初的那个创业团队。他心里很是郁闷，也非常不理解为什么大家要将他排除在外。那天他喝了点酒，就跑去问其中的一个朋友。但朋友却告诉他，团队里的每个人似乎都已经忍他很久了。平时他总是觉得自己跟大家的关系很好，但是大家其实并不想和他保持一种什么东西都要分享的状态。所以他的自来熟给团队成员带去很大的负担，大家最后忍无可忍，只好做出这个决定。

这种事情在我们身边可能也不少见，我们执着于一种观念，就是能快速地与别人建立关系的人就是高情商的人。可是我们忽略了一段关系的后期维护，就像这位大学同学一样，刚开始对自己的自来熟很受用。但真正与别人相处的时候，自来熟却成为一个被别人踢出去的理由。

蔡玉大学毕业进入职场的时候，遇到一位自来熟的同事。刚见蔡玉第一面，就开始打听关于蔡玉的各种信息。比如，祖籍在哪里啊，家里有谁啊，爸妈做什么工作呀，每个月能拿多少工资呀，这些问题一个接一个。就算是蔡玉刚入职场，心里对这位同事的问候也感到很别扭，她想着，就算是同事关系，但也不代表就可以向她问这么私密的问题啊。

所以蔡玉含含糊糊地回答着这些问题，那位同事脸带笑意地说道："没事，大家都是从新人做起的，以后工作中有什么问题或者困难，你可以直接过来找我。我们一起学习讨论。"蔡玉只是回应了一个笑容，她的心里却并不怎么愉快。

在后来的工作中，这位自来熟的前辈还真是对蔡玉"颇为照顾"，比如让蔡玉帮她倒杯水，端个茶，做个幻灯片，取个快递啊，似乎这些事情都交给蔡玉了。

还有更加过分的事情是，她把自己不愿意跑的项目和客户都留给了蔡玉。自己讨厌做的方案也甩给了她。而每当蔡玉认真完成一项工作以后，她还要跑到老板那里邀功请赏。

后来蔡玉一步一步摸爬滚打，才终于明白这位同事的真正为人。所以再不肯轻易听她使唤。

我们大家也明白，性格开朗、活泼好动并不是什么坏事。但如果用自来熟跟别人套关系，还要利用这种“好关系”来为自己服务，不免会让人觉得恶心。这种行为已经破坏了人际交往的一些原则，让人看到的都是自私和自我，只会让原本稳定的关系出现破裂的痕迹。

晓欢楼下新开了一家干洗店，店面不是很大，收费也不是很高，所以她经常光顾。正好店主是一个自来熟，晓欢第一次拿衣服过去洗的时候，女店主就拉着她聊了很久。

她对晓欢讲了很多自己的故事，告诉她自己正在和老公闹离婚，原因是老公出轨了，而且还不管孩子。她开这家干洗店就是为了挣点钱好养着孩子，以后可能就她自己一个人带着孩子过了。由于晓欢和她不熟，所以听到这些话的时候，觉得是店主把她当成了自己人，才会这么对她。当时她还觉得受宠若惊，加上店主对她说，自己没拿她当外人，所以才会和她一起聊聊自家的事情。

得到对方如此的信任，晓欢心里升起了一股同情，所以在那里一个劲地安慰店主。那一次，她们的谈话足足经历了两个小时才结束。回到家的时候，天已经很晚了。

后来，晓欢又去过几次，每次都是同样的情况。店主拉着她没完没了地聊天，从她老公怎么出的轨，讲到自己怎么设计捉的奸。除了这些，自己的离婚大战，财产怎么分割，孩子该谁抚养等都要说一遍。店家在那里讲得很是投入，但晓欢听了几次以后，渐渐就失去了兴趣。只是偶尔说上两句安慰的话，就再也没有别的话可说了。

再后来的时候，晓欢很害怕经过那家干洗店的门口。她害怕再次被店主拉着讲那些没完没了的事情。所以她再有需要干洗的衣服的时候，她宁愿自己多走几步去别家洗，也不愿意再去楼下那家干洗店。

不管是被人信任，还是表达对别人的信任，这都是一件很好的事情。但是这里需要强调的还是那句话：凡事都要有个度。你跟别人自来熟，不把对方当外人，所以把家里的事情，把自己的遭遇都讲给别人听，但这并不能解决任何实际问题。把自己家里的事情拿出来与一个不是很熟的人聊，而且还是反反复复地聊，刚开始可能会得到一些同情，但是时间久了以后，只会让对方看不起你，甚至一想到你就想躲避你。

表达秘籍

1. 生活中我们会遇到很多自来熟的套路，很多人碍于情面就会选择迎合。但事后又会发现，既浪费了自己的时间，又浪费了自己的精力。所以，遇到这种情况，可以果断选择拒绝。

2. 用自来熟的方式去与别人套近乎往往是不恰当的行为，因为他们很少去注意别人的感受，所以这并不能被奉为一种高情商的表现。

3. 真正关系很熟的朋友，往往都是懂得把握分寸、懂得互相尊重的。

·拥有同理心是打开对方心理防线的一把钥匙·

在家庭生活和职场工作中，有能力显得极为重要，尤其是拥有理解和分享别人感受的能力，也就是我们平时所说的“将心比心”“换位思考”等。能够做到这一点，不仅可以缓解很多矛盾，还可以让出现的一些问题迎刃而解。心理学上将这称为“同理心”，亦即设身处地地对他人的情绪和情感的认知性的觉知、把握与理解。主要体现在情绪自控、换位思考、倾听能力以及表达尊重等与情商相关的方面。

一个情商高的人一定也同时拥有比较发达的同理心。他能给对方一个相对准确的回应，把话说到心坎里，办事办到点子上，从而让人愿意与之相处，喜欢与之相处。

马克斯·韦伯曾经说过：“人类是生活在自己编织的意义网上的动物。”这就是说，我们每个人都有自己那一套独立的价值观，看待问题的时候从自身出发是一种自然表现。但人类也是一种社会性动物，需要一种符合时宜的同理心来推动社会往前发展，同时也保证自己不被社会发展所淘汰。

生活中如此，工作中也是如此。

唐明是一个汽车销售员，在一次展销会上，有一位意向客户给他留下了自己的联系方式，他们约好第二天去店里看看客户相中的那款车。唐明为此欣喜不已，因为如果这个客户签下了购车合同，他的业绩就是第一了。

第二天，客户准时到达店里，他们花了差不多一个小时在店里转来转去，客户对自己相中的车更是体验了又体验，从外观到内饰都非常喜欢。当他们终于走进办公室准备签合同的时候，客户和唐明说起了自己的孩子。

“你知道我为什么着急买车吗？因为我孩子要上大学了，他今年高考考了一个非常不错的分数，上了一个一本学校。我要开车送他去上学，顺便旅游几天。”客户在旁边兴高采烈地说着，唐明附和着应道：“那真是太棒了！”

客户还在继续说着，唐明则心不在焉地望着门外。

“你知道吗，他毕业以后就是一名医生了。其实在他很小的时候我就看出来他有这方面的潜质了，小时候，周围的人都夸他很聪明呢！”客户依然激动不已，向唐明说着关于儿子的事。

但唐明一边拉开抽屉准备签合同所需要的资料，一边头也不抬地说了声：“那他成绩很不错啊！”

就在这一来一回之间，客户突然感受到唐明并没有认真在听他说话，而是自顾自地做着别的事情。他就此打住，只对唐明说了句“该走了”，然后就离开了。

第二天，唐明再打电话过去，并且问他购车合同什么时候方便签，可以约个时间。客户却告诉他，车已经定好了，在另外一家店里，钱都已经付过了，就等着提车了。

唐明有点不知所措，连忙问道：“昨天不是都和您谈好了吗？为什么您又换了一家店呢？”

客户直言不讳地对唐明说：“当我向那个销售人员谈起我的孩子的时候，他都很认真地在听，并且问了我很多关于孩子的问题。我们聊得很开心，临走之前就顺理成章地签了合同。”

唐明这才明白过来是自己昨天的行为让这一单生意跑到了别人手里，他后悔不已。

在客户跟唐明谈到自己儿子的时候，唐明并没有理解客户当时的心理——他希望得到别人对自己更多的肯定，同时也希望有人带着兴趣来听他谈论一些关于儿子的事情，能和他有所互动。另一个销售员之所以能做成单子，很大一部分原因就是在客户聊起自己儿子的时候，他感受到了客户心中那种无法抑制想要释放的喜悦，所以他认真倾听，时不时问几个问题，给客户更多谈论儿子的机会。

这种回应其实就是带着同理心的倾听，可以让对方明白，你对他的感受了解得很清楚，你也为他感到高兴和喜悦。

所以，发展自己的同理心并不是满嘴油腔滑调地拍马屁，而是用自己的语言能力让对方感受到舒适，也让自己感觉到丰盛。

表达秘籍

1. 培养同理心就要对他人保持足够的耐心，倾听他人感受，站在对方的视角去审视问题，并体会其中的情绪和需要。

2. 保持自己的好奇心，也就是要有探究精神去发现事情内在的更多可能性，让自己的判断更接近于真相。

·话不要说太多太满·

为什么我们要控制自己，不要把话说得太多太满？因为从哲学的角度来看，事物都是运动发展的。所以我们对待一件事情，也不能用一个观点坚持到底，而是应该充分认识到一件事情存在的多种可能性，从而给自己留出一定的回旋余地，这样才能让自己有条件采取相对应的措施来解决问题。

所以，我们不管在什么情况下，都不要把话说得太绝对。如果我们想要进退自如，那就要懂得给自己或别人留一点余地。这样就不会把自己逼上绝路，省了不少麻烦。

别人有求于我们的时候，我们一定要考虑清楚再做决定。即便答应去帮助别人的时候，你有很大的把握，也要说："我尽量。"或者："我试试看。"这样，别人的心理预期才不会达到最高值，当事情失败的时候，对方也不至于对你极度失望，甚至对你产生怀疑，从此不再信任你。

说话就像倒水一样，水满则溢。留一点空间，才是处理人际关系的一种策略。

有一家科研公司研发了一个新项目，公司老板将这个项目交给了自己的部下刘勇。交给他之前，老板再三找他确认，问他接受这个项目有没有问题，每次刘勇总是拍着自己的胸脯，自信满满地回答："绝对没问题，您大可以放心。"过了一段时间，刘勇没有给老板反馈任何项目进展。老板特意找他来问项目情况，这一次，他没有了之前的自信，只是低下头老实地说道："事情好像并没有我想象中的那么简单，很多细节问题是我之前没有考虑到的，所以现在有些困难。"

听完他的汇报，老板心里有点生气。虽然还是让他继续负责这个项目，但对他的工作能力已经产生了怀疑。尤其是再看见他拍着胸脯承诺事情的时候，他总是一脸的怀疑和不满。最后，这个项目并没有在规定的时间内完成。以后的这种重要工作，老板再也没有交给他去做。

这就是把话说得太满给自己带来麻烦，让自己陷入一种窘迫和尴尬的境地的事例。任何事情都有意外，而这些意外又是我们无法预料的，我们之所以说要给自己留一点空间，就是让这个空间来包容意外的产生。

表达秘籍

1. 情绪激动的时候不要随意下结论，这样容易口出狂言，而结果往往只能啪啪打脸。

2. 对人对事都不要太早就做出评断，这样容易片面。比如在生活中，我们不要轻易对别人说："这个人就这样了。"或者："这个人一辈子都不会有出息。"

3. 别人请求你帮助的时候，你要量力而行，不要给别人太过肯定的回复，而是可以说："我尽量。"

·留一点空间，不要随意打听隐私·

平时在我们周围，一定存在这样的人，他们最喜欢做的事情就是打听别人的消息。关于工作情况、工资水平、房子大小、地理位置，都要掌握得清清楚楚才肯罢休。这种人无疑是特别招人烦的，因为这些事情属于个人隐私，当他们特意前来打听的时候，就好像自己把家底都交了出来等着他们来做一个或好或坏的评价。如果他们觉得你是富贵有钱的，便会想方设法攀附你。但如果他们认为你是贫穷寒酸的，又会忍不住说几句轻蔑之话，所以会非常招人讨厌。

现在，很多年轻人都害怕回家过年，为什么呢？因为家里的七大姑八大姨太多了，她们时时刻刻在等着你。回去以后，她们会问你："有没有女朋友呢？""什么时候结婚？""什么时候要小孩？""什么时候生二胎？""房子多大，买在哪里，多少钱一平？""一个月有多少钱工资？""年终奖多少，涨工资没有？""又过一年了，有没有升职？"这些没完没了的问题，让人只想逃离。因为这些问题多多少少都已经侵犯了我们的隐私边界，所以才会让人觉得不舒服甚至反感。

我记得自己刚毕业的那会儿，在一家小型的出版机构。说是小型，但实际上员工一点儿也不少。应聘到最后一步的时候，我和经理谈起了工资水平。我们的意见达成一致以后，他拿出一份合同让我签了，上面用很清楚的数字表明了我的基本工资。还有一行很小的字，提示我们在公司内部，员工之间不准私下打听工资情况。我签完合同以后，经理站起来特意把那个不能打听工资情况的条款跟我强调了一遍。我重重地点了点头，表示记住了。

没过几天，又一个和我差不多大的毕业生来应聘了。我想她应该也经历了和我一样的面试流程，但就是不知道公司给她的基本工资是多少。后来我知道她的名字叫蕾蕾。那时候心里想着，如果蕾蕾的基本工资比我高，那我们每天干着同样的工作，是不是有点吃亏呢？一直以来，我心里对别人的工资水平都是比较好奇的，但我一直都记得签合同的时候经理对我说的话。所以，就算心里痒痒，但还是忍住了，没有向公司任何一个人打听过，不管是入行很多年的老员工，还是刚刚被招聘进来的新职员。

大概过了半个月，蕾蕾和身边的同事也算是混熟了，所以没事的时候总喜欢找别人聊天。刚开始的时候，还是一些家长里短，无关痛痒的话。但是后来，蕾蕾总会时不时地提起工资的事情。每当她在同事面前问起的时候，大家都是打着哈哈将这件事情带过去。但她依然不肯罢休，三番四次地向不同的人问起，通常别人回答她的都是这样一句话："你不知道吗？在公司是不能随便打听工资水平的。"或者："你再等一等，时间长了，你自然就知道了。"这些话让蕾蕾很是失望，既然打探不出结果，她准备通过自己的方式来揭开答案。

这一天，终于等到公司发工资了。她注意到公司给每个人发完工资以后，都会在第二天将工资条补给个人。而工资条都装在一个没有封口的信封里，这让她抓住了机会。中午大家都去吃饭以后，她留在了办公室，将每个人桌上的工资条都看了一遍。这下，她像是发现了一个惊天大秘密一样，急切地需要跟别人分享。所以等同事们吃完饭回来的时候，她又凑上去聊天，聊着聊着就将话题转移到了工资水平上。她直接点名公司同事说：“你工资那么高，你是怎么做到的？给我传授点秘籍呗！”说完又转头对另外一个同事说：“你都来公司这么多年了，也算得上老员工了，但是为什么你的工资还没有年轻一点的员工工资高呢？”

这一问，大家就明白了，她是看了工资条了。办公室一下子就乱成了一锅粥，甚至还有人直接跑到经理办公室去理论，为什么自己来了这么多年，为公司付出这么多，拿到的工资却只有这么一点。而某某某才来没多久，他拿到的工资却比自己高呢？这件事情直接导致了两个人的离职，给公司带来了一定损失。

后来经理对这件事情进行了查处，找到了传播的源头。他将蕾蕾叫到办公室，给予了严厉的批评。同时，责令她当场辞职。这是她毕业后的第一份工作，不过我相信这份经历肯定会给予她深刻的教训。

在同事与同事之间，工资水平应该是比较敏感的话题。因为在这种公司里，算的都是绩效，而且在签合同的时候，每个人可能谈的工资水平都不一样。在平时的工作当中，大家对彼此的薪资保持一种不闻不问的默契态度就能相安无事。但很显然，蕾蕾触碰到了公司和员工之间的禁忌，破坏了这种和谐的状态，所以经理说公司容不下这样的她，让她另谋高就。

如果我们想要在职场中树立一个良好的职业形象，不仅要保护好自己的个人隐私，也要保证不去随意打听别人的隐私。如果是一不小心知道了一些事情，那也应该守口如瓶，而不是到处传播。这就是与同事沟通和交流的尺度，没有这个尺度，就会失信于人，也会沦落为别人眼里的无聊之辈。

有一句流传很广的话叫“距离产生美。”这句话告诉我们的就是在与别人的关系之中，应该适当地留一些距离或空间，这样既是一种尊重和礼貌，也是一种理性和保护。

在某一所大学，小戚和平常一样去食堂吃饭，饭打好了以后，小戚拿出自己的饭卡准备刷卡，但是她发现自己的卡里面好像多出了六十元钱。刚开始的时候她还不是很确定，吃完饭以后，她仔细算了一下自己的开销，发现卡里面是真的多出了六十元钱。

这六十元钱到底是从哪里来的，她想了很久也没有想出来。最后她在学校的相关部门了解到，这是学校刚刚出台的一个新政策，给学校那些家庭贫困的学生每个月六十元的生活补助费，而这些被补助的学生之所以不知情，是因为学校都是悄悄地发给他们的，也就是直接将钱充到了他们的饭卡里。

后来，小戚还了解到，像她一样得到这笔补助的还有 700 多人，这些贫困学生都是这样静悄悄地得到了这笔隐形餐补费。

而在另一所大学，有一位来自偏远山区的学生小杨，他上学的学费都是家里人东拼西凑得来的，在学校的日子也过得非常紧张，每天吃饭的钱都要控制在四元以内，大多数时候都是馒头加咸菜。但其实，学校里面是有贫困生补助的，而小杨却害怕自己申请贫困生补助以后会被同学们笑话。

像小杨这样的同学也不在少数，明明自己的经济条件非常不好，但就是放不下自尊心去申请那笔补助。因为一旦成为贫困生，学校就要在全班甚至全校将他们的名单公布出来，这让他们觉得心理压力非常大，面对同学们的目光，他们会变得更加自卑，觉得抬不起头。

相比较于这种大张旗鼓的资助方式，那种隐性的关怀自然更让人觉得暖心。那种悄悄资助的形式，在更大程度上保护了贫穷孩子们的隐私，体现了一种人文情怀。

有时候我们打探的隐私，就是别人心里的痛处。所以我们要尊重他人，就要保护好他人的隐私，做到不打探、不传播。

表达秘籍

1. 当我们学会换位思考以后，就不会那么随意、轻易地窥探别人不愿意向外人吐露的问题和情感了。所以，我们要学会多角度去观察问题，而不是为了一己私利牺牲掉别人的利益。

2. 保持空间感和距离感是现代社会交际的必要元素，一旦我们打破这个规则，也就破坏了这段关系。

3. 不管是成年人还是孩子，他们都需要隐私保护。所以不要想当然地认为小孩子没有隐私。

第8章 说好想说的，会说想说的

现代沟通条件的便利让言语的传达变得更加便捷和快速，而我们的沟通频率也随之而增加。什么样的说话方式让人更加舒服？怎样的表达方式会让自己与他人的沟通更和谐？这些都是现代沟通中不可避免的问题。我们不仅要说好想说的，更要会说想说的，这才是表达和沟通的王道。

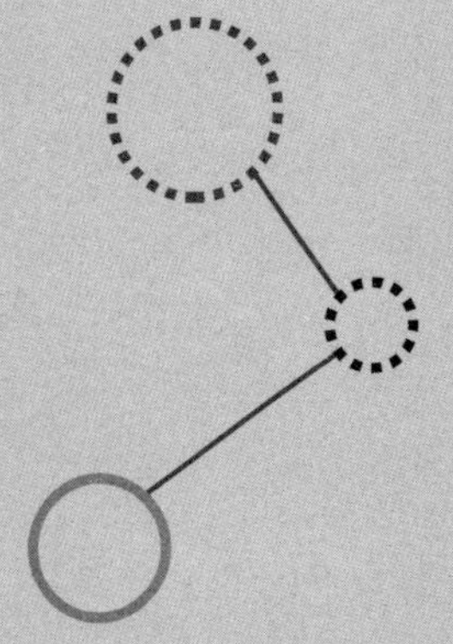

·微信时代沟通的利与弊·

微信，作为新时代的一种沟通工具，在短时间内就获得了无数网友的下载使用。这个信息交流的平台似乎已经融合进我们的生活，早已经成了我们离不开的一部分。尤其是手机不离身的现代人，隔几分钟，甚至几秒钟就要看一下手机，而这个频繁的举动里，很大一部分是刷一下微信，查看有没有新消息，查看朋友圈有没有状态更新。如果突然没办法用微信联系他人，人们心里就会感到莫名的恐慌。

人类的沟通发展史，从以前的书信到后来的电话，又从电话发展到手机，而手机又变成了现在的网络。微信应运而生，成了新时代发展的一种必然。正是因为它能快速地建立人与人之间的联系，给人前所未有的交流体验，所以才会被广泛传播和认可。另外，它给人们带来了很多交流的新体验，比如表情包、图片或者小视频等，这些花样繁多的小元素丰富了人们表达的方式，让人们得以一边娱乐一边沟通。

瑶瑶是一名留学生，一个人远赴美国去求学。平常一到放假的时间，她就会特别想家。这个时候，微信就派上了大用场，她可以用微信与爸爸妈妈视频，也可用微信与国内的朋友聊聊新闻和八卦。她说，这种沟通方式不仅可以让远在他乡的自己跟国内的亲人随时保持沟通，还为自己节省了不少的通讯费用。所以微信成了她联系他人的主要工具。

现在，学校的各科老师都会建一个与家长的互动群。王丹就是一名新上任的语文老师，为了方便自己与学生家长的沟通，自己也建了一个家长群，有什么作业和任务都会在群里发布。学校正式开学以后，王丹就开始给学生策划一些课外活动。首先发起的就是一项课外阅读的活动。一般她都会在下午放学以后，在家长群里发布一些推荐书目。

她发布课外阅读书目以后，自己也会跟着读，有一些难以理解的地方，她会在群里跟大家做一个解释说明。由于每天都有她的督促和带领，学生们对于阅读这件事情似乎已经养成了一种习惯。而家长也会拍个照片，或者录个小视频跟老师及时反馈孩子的阅读情况。王丹再将自己搜集上来的信息在朋友圈进行发布，这样不仅自己可以掌握孩子们的第一动态，家长也能及时了解到班级信息，对家长和老师的沟通来说起到了很好的作用。

班上有什么新的动态，王丹也会在第一时间发布到家长群里。比如班委会的选举，老师可以通过直播的方式让家长更清楚地看到自己孩子的表现。到放假的时候，王丹会在家长群里强调外出安全的问题。并提醒家长，带孩子出去玩的时候，要注意培养他们的观察能力，积累写作文的素材。

有时候学校会发生一些流行性感冒，王丹会在群里细心地为家长讲述注意事项，提醒学生家长做好预防工作，这也会让疾病得到良好控制。

除了这些班级活动以外，还有一些全校性活动，王丹也会用照片的形式进行记录。只要她将这些照片发布到朋友圈，家长就可以看到孩子们的动态。而这些照片记录的情况，也是家长最想要了解，最想要看到的。

可以说，现在很多老师都是在用微信管理班级。这种交流形式促进了老师、学生还有家长之间的三方沟通。微信群的建立，除了是一种老师对学生的督促以外，还是老师对家长的一种引导。就好比王丹在群里举办的课外阅读活动，作为孩子家长，平时没有阅读习惯的人比比皆是，但是有了老师在群里提醒做表率，家长自己也会带着孩子变得积极起来，阅读数量自然也就上来了。

这种模式在学校老师中被应用得很广，他们不断地改进，将这种沟通形式的便利得到最大化。王丹入职一年以来，班级工作做得有条不紊，各项建设也都有条有理。她自己也总结了工作经验，认为自己的工作能进展得如此顺利，和微信群的建立是分不开的。微信颠覆了我们传统的沟通模式，也提高了我们的工作效率。

但微信除了给我们的沟通交流带来便利以外，还给我们带来了哪些方面的影响呢？

李维康大学毕业好几个月以后，才找到一份满意的工作。他入职的第一天，就被主管和同事分别拉进了不同的三个群，刚开始的时候，他觉得自己还挺受重视。每次手机一响起，他便立马拿出来查看，但好像大部分的消息都和工作没有关系，而只是同事之间的闲聊罢了。他只好低下头继续自己的工作，只不过思路已经被打断，只能重新开始。

当他被这种消息频繁地打断思路以后，他将群消息设置成了免打扰。但是这样他又害怕错过什么工作上的信息，所以他拿出手机查看的频率比以前高出很多。就这样过了一个多月，每次下班回家，他最想关掉的就是群消息，但每次拿出手机，每个群都有几十条甚至上百条消息等着他查看。有时候他会耐心地一条一条往上翻，但是翻到头也没有一条有用的信息。而有时候，他干脆直接将那些消息删除掉，连一眼也不想看。

这种经历我们也有过不少，在这个信息爆炸的时代，我们不用主动去寻求获取信息的渠道，反而每天被各种各样的消息轰炸着。让我们感到焦虑和恐慌的，就是这些堆积而来的信息将我们的私人空间填得满满的。

除了这种密集信息带给我们的困扰，还有骗子在利用微信做着各种不合法的勾当。他们只需要将自己的头像换成一个美女头像，然后将自己的性别设置成女性，就可以伪装起来进行网络诈骗。

前几天，江涛在微信上认识了一位美女，他们聊得很开心。江涛感到自己的春天来了，每天就是抱着手机和这位美女聊天。一段时间以后，江涛提出了见面。没想到美女一口答应了，一点都没有犹豫，这让江涛很是欣喜。他们约好了时间和地点，并等着见面时间的到来。江涛为此精心打扮了一番，特意去理发店做了个发型，又在商场挑了套不错的衣服。

可是等到见面的那天，美女突然发信息过来说家里临时出了点事，可能去不了了。这让江涛很是着急，他问对方家里怎么了，自己能不能帮上什么忙。那位美女直接将情况告诉了江涛，说是家里妈妈突然生病了，自己要照顾走不开，所以很抱歉不能赴约。

江涛一听是生病，并没多说什么，只是安慰了几句，等着下一次见面。就在他们一来二去的聊天过程中，那位女子向江涛透露自己手上的钱在医院花光了，现在妈妈躺在医院没有钱治病了。这些话说得江涛心软了，他二话没说就给女子转了一笔钱过去。反反复复，女子总共骗了江涛五万多块钱以后，江涛才有所警觉。他向派出所报了警，好在警方破获了这起案件，最后发现，那个美女原来是一位大叔。

我们在电视上也看到过不少类似的新闻，微信给我们带来生活便利的同时，也给我们带来了一些安全隐患。我们应该注意网络安全，加强对陌生人的防备。

表达秘籍

1. 虽然微信给我们带来了很多前所未有的便利，但我们不能沉溺于此，应该懂得节制，这样才能保证生活方式的健康。

2. 现在网络上的诈骗手段花样百出，让人防不胜防，我们在虚拟的网络世界中，应该保持一颗警惕的心，这样才不会轻易上当受骗。

3. 保护好自己的隐私，不要随意泄露，不给坏人可乘之机。

·打电话时，怎么说话不尴尬·

打电话就像一种现场直播，因为很多话都需要自己临场发挥，所以会给人带来一种心理压力。有时候双方拿着电话都没有话说，出现了一刻的冷场，这样就会带来尴尬，两个人都有点不知所措。不知道你们自己有没有遇到过这种情况，拿着手机，两个人都在很努力地寻找话题，却都不得不保持沉默，因为突然就不知道接下来该说什么话了。

李平进入职场以来，一直都觉得自己对同事关系处理得相当好，从来没有出现过什么小的矛盾，甚至连争吵脸红都没有过。但是最近，他开始自我怀疑和否定，他推翻了以前的自己，认为自己的交际能力从来没有如此糟糕过。而这些情绪严重影响到了他的正常工作，每天他在公司都是焦虑不安的状态。经理了解到情况以后，和李平谈了谈心，这才了解到事情的原因。

原来，李平最近新交了一个女朋友，他们是通过朋友介绍认识的。刚开始的时候，他们都是通过微信发信息来进行交流，两个人聊得也开心，所以关系进展非常顺利。有一次，李平想听听对方的声音，所以忍不住给女朋友打了个电话，号码刚刚才拨出去，他就开始感到紧张。电话接通以后，他瞬间就感到很不自在，没说几句话就结束了通话。但李平在心里琢磨一个问题，他觉得刚刚在电话里的时候，女朋友说话的态度有点冷淡，不是像他想象里的那么热情。

从这次通话以后，李平对跟女朋友打电话这件事情就有了抵触。他想，是不是刚刚自己在电话里面说错了什么话，才导致女朋友态度的转变。所以以后每次打电话，他都是没话找话地先聊几句之后，再匆忙将电话挂掉。不仅如此，每次拨通女朋友的号码，他就会一直担心说话会冷场。所以一旦自己说话卡壳不知道说什么了，或者自己抛出去的话让对方卡壳不知道说什么了，他就会变得异常紧张。这样的状态持续一段时间以后，他就开始怀疑自己是不是交际能力有问题，或者是自己存在某些方面的交际缺陷。

实际上，这种感受我们大部分人都经历过。本来用微信聊得好好的，可是一拿起电话，就像变了一个人似的，就算之前准备好的一些话也会突然想不起来。有没有什么方法可以让人摆脱这种烦恼呢？

有研究表明，当我们觉得电话那端的人是自己比较重要的客户或者朋友的时候，就会出现打电话紧张的情况，自然也就比较容易冷场。比如我们跟自己的领导、客户或者伴侣打电话的时候，会把这次沟通看得非常重要，在意自己给别人留下的印象是否良好。所以在这种情绪的支配下，人们会更容易产生焦虑的情绪。

面对这些对我们来说比较重要的人，我们在拨出号码之前，大都会做很多准备工作，防止自己在讲电话的时候出现卡壳的情况。但是也有人建议，这些准备工作不需要我们去刻意为之。除非是一些比较正式的采访或者汇报，否则我们完全没有必要去为自己的这通电话列一个大纲或者摘要。这样只会让自己背负更大的心理负担，过于在意自己的言行举止，才会导致后面更多问题的出现。

就像李平，在与女朋友的电话沟通中，他把自己搞得过于紧张，在意的东西太多了，所以没办法让自己放松下来。如果他能调整一下自己的状态，轻松应对此事，就不会出现冷场的尴尬了。

其次，为了避免冷场的尴尬，可以尽量控制通话的时间。如果打电话的时间过长的话，就会让可以聊的话题越来越少。所以在谈恋爱的过程中，要采用自己比较擅长的沟通方式来和对方聊天。有效率的电话沟通只需要将自己的想法表达清楚就可以了，哪怕只是一阵简单的寒暄，那打电话的目的也算是达到了。

如果是关系比较好的朋友或者同事，在电话里，我们一般都不会过于紧张。但如果是一种不是很亲近的关系，或者不是很熟悉的人给我们打电话，我们就会觉得不自在，以至于出现在电话里不知道说什么好的局面。比如突然接到领导电话，这个时候，我们的第一反应就是不知所措，然后就会在电话里表现得极不自然。那我们在与领导的电话沟通当中又应该怎么做，或者注意些什么事情呢？

有一些小细节如果我们能做好，那就会避免很多尴尬事情的发生。例如，当你主动打电话给领导的时候，一定不要开口就说出了自己想要报告的事情，在报告之前，最好先跟领导确认一下，他现在是否方便。确认过后，再把自己要报告的事情说出来，这样就会稳妥很多。如果领导正好在一个非常嘈杂的环境之中，或者正好在接待一位客户，而你拿起电话就向他汇报自己的事情，不免会让人陷入尴尬。所以，在汇报之前询问一下，再决定要不要现在立刻就说，会省掉很多麻烦。

另一方面，在与领导的电话沟通中，我们要注意一些口头语的使用。不要太过频繁地将“嗯”“哦”等词用到对话当中。当领导向你传达一些指示的时候，如果你没有听明白，可以直接提出你的疑问，而不是用一个“嗯”字来进行反问。如果你听明白了，你也不要用一个“哦”字来回应，而应该用一句“明白了”或者“好的”来进行回应。这样更能让人清楚你是否完全接收了刚才的传达。

当然，有时候领导在电话里会一次性地让我们办好几件事情，这个时候我们可能会有点记不住。那在电话里，等领导说完以后，我们最好将刚才说的事情重复一遍，如果有所遗漏，领导自然也会跟你补上，这样一来，也不会耽误你的工作。在电话里重复领导提到过的事情，能帮自己快速记忆他所交代给你的诸多事项。这也是避免事后尴尬的一种方法，不至于让你漏办、错办。

还有一个细节，我们经常都会忽视掉，那就是在通话完毕以后有人就会立马将电话挂掉。而很多人的经验总结是：我们在与领导通话完毕以后，应该先等着领导挂电话，然后我们再挂。尤其是我们在办公室里使用的那种固定电话，稍不留意，它挂断时候的声音就会很大，虽然这是一个小得不能再小的细节，但也多多少少能体现我们的修养和礼貌。如果对方也没有迟迟挂掉电话，我们可以等待几秒钟后，先挂掉电话，再将手里的听筒放下，这样会好很多。

虽然打电话看起来是一件很小的事情，但里面也是处处充满了学问。从开始到结束，从接听到挂断，都有一些不容忽视的细节。如果我们能将这些说话细节做好，那也就不怕会有尴尬了。

表达秘籍

1. 打电话的时候，如果我们感到紧张或害怕冷场，我们可以在脑海中想象对方的样子。这样就会浮现很多熟悉的场景，从而冲淡心中与对方的隔阂，轻松应对电话里的谈话。我们还可以把电话中的谈话想成是一次面对面的谈话，这样可以让我们很快得到放松，那种轻松的语调也会给对方留下一个好的印象。

2. 在电话里说话的时候，可以尽量让自己的语气听起来热情一点，这样谈话的气氛也会跟着热烈起来。对方也能很快感受到你的热情，从而建立一个良好的通话环境。

3. 电话沟通的能力是可以通过反复的练习得到提高的，如果你因为“电话恐惧”而刻意回避身边的电话交流，而且这已经对你的生活产生了一定的影响，那你就要对这件事情引起重视了。

·怎么说话更让人舒服·

在我们身边围绕着两种人，第一种人在与别人的沟通过程中生怕让别人感到舒服，所以会尽量用恼人的方式来与人对话。他们只关心自己是不是舒服，只管自己说得痛快舒服就行。而第二种人恰好跟第一种人相反，他们总是担心别人在与自己的相处中是否舒服。有时候，他们甚至宁愿委屈一下自己，也不愿意去委屈别人。

我们说，一场对话的成功与否，很大程度上取决于对方与你沟通时候的舒适度。如果我们有事求助于他人，那我们的说话方式对求助的结果就有极其重要的影响。可能同样的一件事情，两个人去办就会有两个不同的结果。而产生这种差异的原因，很大一部分就在于我们的沟通方式。如果我们能让人感到如沐春风，那很多事情谈起来就变得更加方便了。

让人舒适的基础就是礼仪，我们在人际交往中，不管是对谁，都要有一个礼貌的态度。

以前流传着一个叫“以礼问路”的故事，讲的是有一位生意人，他要去苏州拜访客人。但是在去往苏州的途中，他迷路了，不知道该往哪个方向走了。他站在一个岔路口犹豫不定。这个时候，他看见一位老者在一个水塘边放牛，他决定跑过去找老者问问路。

“嘿，老头，这里有三条路，我要去苏州应该走哪条路呀？”这位生意人毫不客气地向老者问道。

老者抬起头看了看这个三十多岁的小伙子，马上升起一股厌恶之情。因为年轻人的失礼，让他反感。于是他指了指中间那条路说：“你走中间那条路就对了，从这里到苏州大概还有六七千丈的距离，有点儿远。”

生意人听了以后，感到很奇怪，继续追问道：“喂，老头，别的地方说路程都用里，你这儿怎么是论丈而不是里呢？”老头平淡地回答道：“其实，我们这个地方一向都是论里的，但是自从来了一个不讲理的人以后，这里也就不再讲里了。”

这个故事中的“里”当然是“礼”的谐音，这位放牛的老者实际上是在讽刺问路的生意人，暗嘲他不知道待人以礼。向人求助问路的是他，而他却不懂得最基本的礼仪规范，所以才惹得老者的明嘲暗讽。同样都是问路，如果这位生意人能将自己的语句改一改：“老伯您好，请问去苏州该走哪条路？”这样加上一些礼貌性的词汇以后，老者一定也会很热心地帮忙指出正确的去向。得到回应以后，生意人应该向老者道谢，这样才是一套完整的礼仪流程。因为在改过之后的对话中，生意人给了老者基本的尊重，也就是让对方感受到了舒适，这样才能换来别人同样的尊重。

以前上学的时候，老师给笔者布置了一个社会实践的任务，而提供给笔者实践的平台就是商场的一个生活用品的柜台。老师先是派了班长去和商家联系，但是班长很快沮丧着脸就回来了。他说自己的请求被别人直接拒绝了，一点商量的余地都没有。继而，老师又派了另外一名同学去进行沟通。没过多久，那名同学满面春风地回来了。他反馈给我们的信息是，商场柜台负责人很欢迎我们的加入。

这样两个不同的结果让我们很是好奇，为了弄清楚原委，老师让前去联系的两位同学情景再现一下。原来，班长去的时候，他找到负责人直接就说：“我们是本市的中学生，根据现在市里传达的精神，我们来你们这儿实习，你们必须接待我们。”而后面去联系的那位同学去到柜台以后，找到他们经理的办公室，自己在办公室外面等到经理结束工作以后才去敲响经理的门。得到允许以后，他走进办公室，又拿出自己的介绍信，很有礼貌地恳求道：“叔叔，我是旁边那所学校的学生，今天过来主要是有一件事情想和您商量一下。我们班的同学可能要麻烦一些这边的叔叔阿姨带我们参与一下社会实践活动，您看您什么时候方便，我们根据您这边的时间安排一下。”

经理看了看日程安排，直接跟他确定了时间，这位同学得到回复以后，跟经理连声道谢。经理也回复说：“不客气，这是我们应该做的，我们这里也很欢迎你们的加入。”

这样一对比，我们就看出了差距。为什么班长去的时候会直接遭到拒绝，因为他说话的时候忘了自己的礼貌。而且班长说话的语气感觉就是在命令别人去做一件事情，而不是请求别人。作为一个学生对一个长辈来说，这种语气实在有点出格，当然会惹得别人心里不舒服，后面的事情自然也就很难谈成功了。而后面去的那位同学，时时刻刻都保持着自己的礼貌态度，用一种请求和商量的语气跟负责人说明自己的情况，让负责人感受到了一种尊重。这样对方才会给予肯定的回答，并对我们的到来表示欢迎。

这虽然是一件小事，但也充分说明了谈话过程中让人感到舒适的重要性。自古以来，就有“言为心声”的俗语。语言是一种显示内在文明的重要标志。我们去说话，去表达，最终的目的就是想要让别人倾听。所以，创造一个良好的谈话氛围是得到别人良好回应的基础。

有了一个礼貌的说话态度以后，如果能适当地加点幽默技巧，那就能为你的语言锦上添花了。有一则关于伏尔泰的小故事，说他以前有一个天性懒惰的仆人。有一天，伏尔泰要出门，就请这个仆人帮他把鞋子拿过来。等到鞋子送到伏尔泰面前的时候，伏尔泰看见鞋子布满了泥污，看着很脏。伏尔泰就向仆人问道："为什么这双鞋子穿过之后没有及时清理干净呢？你早上起来的时候完全可以有时间去做这件事情的。"

"先生，我觉得完全用不着清理啊，因为您出去以后，路上全部都是泥污，就算今天帮您把鞋子刷干净了，您走两个小时以后，还是会变成现在这个样子，还是脏脏的。"仆人急忙解释道。

伏尔泰听完以后，没有说话，而是面带微笑地走出了家门。这个时候，仆人慌忙追上去对伏尔泰说："先生请等一等，您还没有把钥匙给我呢！请您把厨房食柜上的钥匙给我，等一会儿我还要吃饭呢！"

"我的朋友，我想这个完全没有必要啊，你还吃什么午饭呢？反正过两个小时，你还会变成现在这个样子，像现在一样饿。"伏尔泰不慌不忙地回答道。

在这个小故事中，伏尔泰用自己幽默的话语回击了仆人的偷懒行为。遇到这种情况以后，他没有采用直接批评的方式，而是用一句话不动声色地将仆人的行为点破。既没有让现场变得尴尬不可收拾，又没有戳破人的颜面无可挽回。这样的批评方式，让自己在一种轻松愉悦的氛围中，就达到了教育仆人的目的。

由此，我们也可以看出，换一种方式去表达，同样可以将自己的意思传达到位，而且效果可能会更加完美。

表达秘籍

1. 我们在生活中请别人帮忙的时候，可以在最后加上一个"好吗"，而不是那种命令的语气。加上这两个字以后，立马就变成一种商量的语气，让别人有选择的空间和余地，这是一种让对方感受到尊重的最直接的方式。

2. 聊天的时候，可以多用一点“我们”“咱们”等词，这样除了让对方感到舒服以外，还能迅速拉近自己与对方的关系。

3. 控制好自己的情绪，不要因为一时的激动就说出了伤害对方自尊的话。越是熟人之间，越要遵循这条规则。虽然只是一时的气话，但给人带来的伤害却是巨大的。

·说话不是为了去说服别人·

一般人在人际交往中都带着很强的目的性，认为只要是与对方有语言上的沟通，那就必须说服别人同意自己的观点或意见。所以我们要不停地说，不停地去举证、去引用。为了说服别人，我们也会学习很多技巧，但却很少有人去思考一个问题，我们与人沟通的真正目的，难道真的就是说服吗?

很多情况下，当我们抱着这样一种信念去与人沟通的时候，就会忽略掉很多别人的感受。一场对话下来，大部分时间都是自己在那里说个不停，而谈话结束以后，自己的目的好像也没有真正达成。如果我们能明白一个道理，那就是沟通不是为了说服别人，而是为了理解别人，再去与人沟通的时候，我们就会将自己的注意力放在别人身上。比如，自己会认真倾听别人的话，琢磨他们真正想要表达的意思。这样一来，双方的沟通才能算是有效沟通，否则就只是一场自说自话的演戏罢了。

在电视剧《欢乐颂》里，有一幕是这样的：安迪和邱莹莹之间产生了一个小误会，邱莹莹对安迪心怀怨恨，她想要让安迪给自己道歉。为了达到自己的这个目的，她不停地给安迪发短信，想要通过这种方式让安迪认识到自己的错误。但这番苦心没有得到安迪的任何回应，邱莹莹转而站在安迪家门口，对着她大吵大闹，还是离不开一个主题，就是想要说服安迪承认自己的错误，并跟自己道歉。

但是面对此情此景，安迪只是回应了一句："不与傻瓜论短长。"邱莹莹费了很大的功夫，时时刻刻都想要说服安迪，却适得其反。不仅没有得到安迪的正面回应，还让安迪想要躲她远一点。

其实，这种现象在我们的生活中也较为常见。我们与别人意见相左的时候，为了让别人听从自己的意见，会不停地向对方表达这种意思，而完全不顾对方的感受。这个时候，我们唯一的目的就是说服别人，所以听不进去对方的表达。

我们要知道，沟通是一种双向的行为。在这个行为中，我们不能单方面地一直向别人灌输我们的想法，还应该学会去倾听别人的想法。

有一位球队教练，他带着自己的球队在多次世界大赛上都获得过冠军。在他退休以后，有人继承了他的职位，但由于缺乏经验，所以就向这位教练请教："您能取得今天的成绩真是了不起，我们都很好奇，您取得这样好的成绩靠的是什么呢？有没有什么特别的秘诀跟我们讲一讲呢？"

教练微笑一下，向继任者答道："我在位的这么多年里，从来没有和队员对着吵过架。有时候队员情绪不稳定，会因为一些不好的比赛结果而受到影响，从而口出恶言。每次面对这种情况的时候，第一时间我都不是去用更恶毒的语言去说服他们，而只是想弄清楚他们这么说的原因。"

这位教练向我们传达了一个很好的讯息，也为我们树立了一个很好的榜样。当队员的情绪受到影响而波动的时候，他不是用语言去说服他们，而是用倾听的方式去弄清楚影响队员情绪的原因。这就是沟通的一个很重要的部分，即为理解。这样一来，问题就变得更加容易解决了。所以，他带领的队员能在世界性的比赛中屡次获奖。

苏格拉底的名声起来以后，有很多来自全国各地的人都闻名去找他求教。

有一位年轻人也慕名而去，想要苏格拉底指点一下自己的演讲技巧。年轻人见到苏格拉底以后，为了向他显示自己卓越的口才，站在那里滔滔不绝地讲了快两个小时。但是结果却出乎人的意料，苏格拉底命令他必须交双倍的学费。

年轻人大吃一惊，很不解地问道："为什么我要给双倍的学费呢？"

苏格拉底不紧不慢地说道："因为在我这里，我要教你两门功课，第一个教你的是怎样学会闭嘴，然后才教你怎么演讲。"

我们很多人都和这位年轻人一样，说起话来可以滔滔不绝。更糟糕的是，很多人以为这就是一种口才，是异于常人的才华。但苏格拉底的这番话也让我们学会了反思，话说得多就能赢得别人的信服吗？结果恰恰相反，我们需要闭嘴才能赢得更多契机。

现在，善于表达自己，口才能力强的人一点都不缺。在别人面前，我们都在急于表达自我，却忘了一个很根本的问题，那就是怎样才算是好好说话，我们与别人的沟通是不是就为了一种语言上的输出？其实，沟通不是为了说服别人，我们不妨先听听对方的话，寻找一点可取之处，这样才能让问题得到更好的解决。

无论是在公司与同事和客户的相处，还是在生活中与家人和朋友的相处，都离不开积极有效的沟通。特别是当我们遇到矛盾和问题的时候，沟通尤显得重要。这个时候，我们要更加明确一点，此时此刻的沟通是为了解决问题，化解矛盾，而不是为了谁去说服谁。也许我们很容易就发现了问题，但让对方接受现实甚至配合解决，似乎并没有那么容易。也许我们说了很多话，但真正的有效沟通却并不多。也就是，我们一直在表达，但也并没有让对方弄明白他们原本就不明白的问题。

表达秘籍

1. 当我们一心想要通过自己的方式用语言去说服对方的时候，在事实上就已经选择了一种对立的姿态。在这种情况下，我们的沟通就变成了一种博弈，结果往往适得其反。

2. 当出现矛盾和问题的时候，我们沟通的目的就是为了及时地解决问题或矛盾。所以，我们在面对那些和我们意见不同的人的时候，想要充分了解对方的想法就要学会好好沟通，而不是单方面地说个不停，这样才能找到问题的解决方法。

3. 如果我们从一开始就抱着“对方一定要听从于我”或者“我的说法才是正确的”这种态度和想法的话，那你所谓的沟通根本上不能算是沟通，所以自然也不会起到你想要的效果。

·少用否定词，让沟通更顺畅·

在中国古代，有一说认为，评判一个人是否为君子主要有三个标准，那就是通常意义上的“三和”，即语气柔和，行为谦和，心气平和。在这三个标准里，排在首位的就是语气柔和，意思就是，君子在说话的过程中，说出来的话语肯定是温软如玉，表达自己心意的同时，还会顾及对方，让对方也感受到欢喜。

但是在现代社会中，不管是陌生人，还是身边的亲人朋友，常常有人用尖酸刻薄的话，或者冷言冷语来互相攻击。其实，这种做法在伤害别人的同时，也为自己的人际交往设下了障碍。当我们习惯去否定他人的时候，就会有人想要拒我们于千里之外。在这些刻薄之语中，否定词是最常见也是应用最广的。

比如，如果我们面对别人的提议，马上说出“不行”“不可能”或者“根本行不通”之类的话，就像当着别人的面将门重重地摔上一样。让人觉得尴尬的同时，也伤害了彼此之间的感情。我们也知道，凡事无绝对，当我们说出这些否定之词的时候，就相当于把机会挡在了门外。所以，在表达上，我们可以尽量活泛一点，少了这些否定词，一样能将自己的意思说清楚。

陈志勇是一名三甲医院的医生，平时在医院接触到很多病人。每当给他们看完病开药方的时候，总会习惯性地叮嘱几句，注意这个，注意那个，不要这样，也不要那样等。所以时间一长，自己形成了一种职业习惯，和别人说话的时候，总习惯将“不”字挂在嘴边。

有一天，陈志勇的妻子受了点风寒，感冒得厉害，尤其是半夜的咳嗽，几乎让人睡不着觉。这天，陈志勇上班的时候给妻子开了点药，晚上拿回去对妻子说：“这个感冒药就是专治你这种风寒感冒的，你赶紧吃了吧，不要再强撑着了。”没想到，妻子并没有去接感冒药，而是面无表情地看着陈志勇说：“没事的，再过两天自己就好了。”

陈志勇一听，不乐意地说道：“就不要再嘴硬了，抓紧时间吃掉吧。这次感冒有了教训，以后出门的时候就不要穿得那么少了。现在是冬天，气温低，不比夏天，所以也不要经常买那些饮料喝，喝点热水就挺好的……”

陈志勇的话还没有说完，妻子就起身离开了客厅。可是他并不明白为什么妻子不听他把话说完。我们知道，作为一名医生，陈志勇平常叮嘱病人的时候，已经习惯了用“不”字来开头，所以就算是回家以后面对自己的妻子，也是习惯性地用这种说话方式。虽然他是出于关心，担心妻子感冒难受，但是因为否定词用得太多，让妻子听不下去了，直接转身就走掉了。

如果陈志勇将自己刚才说的话换一种方式来表达，比如：“你吃了这个药以后，感冒就会好得快一点。现在冬天天气冷，你出门的时候要记得多穿点衣服，好好照顾自己才不会感冒。你一直都喜欢喝饮料，这个我也知道，但是现在不比夏天，而且你也感冒了，还是喝点热水会比较好一点。你感冒了，我也会难受。”这样一说，妻子当然就会感受到一股暖暖的关怀。这样说不会像之前那么生硬，所提的建议也更加让人容易接受。

艾克托尔是法国的一位著名作曲家，他将自己的一生都奉献给了音乐。有很多年轻人慕名前来学习，讨教作曲的方法。有一次，一个名叫格林特的男子也找到了艾克托尔，但是跟他分享的是写歌词的心得，而不是作曲方面的事情。艾克托尔有点儿生气，对这个年轻男子说道："如果你是真的很喜欢作曲的话，就不要三心二意，不要把时间用在了写歌词上，这种做法让我觉得很荒唐，以后你可不要再这样做了。"

年轻男子听了以后，感到很不服气，对艾克托尔说："我写歌词只是想要拓展一下我的兴趣爱好而已，而且我认为写歌词和作曲这两件事情并不冲突。我反倒是觉得它们在技艺上可以互相促进。"

艾克托尔听完以后，更加生气了，大声地对年轻男子说："你不要再继续狡辩了，现在写歌词对于你来说完全就是一种浪费时间的表现，所以，对于你刚才提出来的看法，我根本不敢苟同。你只是在为自己错误的行为找一个适当的借口罢了，根本不值一提。"听到这里，年轻男子很气恼地走掉了，并且以后再也没有来找过艾克托尔，心里对他充满了怨言。

我们明白，艾克托尔想要表达的意思就是让年轻男子专心致志地学习作曲，不愿意让他因为其他的事情而分心。但是，在沟通过程中，艾克托尔反复地使用了否定词，将问题上升到一个比较严重的层面。所以他的这番话才不被年轻男子所接受，甚至是引起了年轻男子的反感。因而直接反驳，说出了自己的观点。得不到肯定以后，才气愤离去，不再找他学习。

像这种情况，我们可以将对话稍微改动一下，也许结果就会很不一样。

比如，艾克托尔知道年轻男子在作词以后，心里虽然有点着急和生气，但他还是可以这样说："我知道你除了热爱作曲，对作词也挺感兴趣的。但是你也知道，对于你来说，作词只是暂时玩一玩。既然你想要学习好如何作曲，就要懂得分配好自己的精力。写词是一个反复修改的过程，这样可能会花费掉你很多时间。所以，我希望你能好好衡量一下，在作曲和作词之间，你更偏爱哪一个，或者哪一个对你来说是更重要的一项。”

通过这番话，艾克托尔就可以直接表达出为对方着想的意思，也不会引起年轻男子的反感，让他气冲冲地直接走掉。在与别人说话的过程中，如果我们频繁地使用否定词，会给对方带来一股重重的心理压力。正是在这种压力的迫使之下，对方才会产生一种抵触情绪，从而做出与你所想相反的行为。

表达秘籍

1. 如果想要改掉自己习惯性否定的毛病，可以在生活中刻意地加以练习。与人沟通，多用肯定的词汇，尽量避免否定词语的出现。

2. 改变说话方式其实就是改变自己的思维方式，如果我们喜欢去否定别人，说明我们自己本身也不够自信。在引导和教育孩子的过程中，我们要用正向思维改变对孩子的教育方式，多给他们积极的引导。

3. 我们可以用纸罗列一些自己平时比较喜欢说的一些否定词语，再找一个可以替换它的肯定词语写在旁边，每天用这个提醒自己。当想要说那个否定词语的时候，一定要找旁边的那个肯定词汇来替换。

·会说让你与他人的交往更和谐·

有人说，一个人人际交往的和谐程度就是一个人的幸福程度。确实，不管是职场员工，还是家庭主妇，都少不了与外界打交道。所以，学习沟通技巧，与能否有和谐的人际关系以及幸福的个人生活都有关系。

会聊天的人更容易被他人接受和欢迎，而会说话的人，能有更多选择的机会。在现代社会的压力下，很多人都在想方设法地去学习各种说话技巧，好在关键时刻能派上用场。对于人类来说，说话是一件比较简单的事情，但要把话说好，却没那么简单。有时候说错一句话，可能就会断送美好前程；有时候说对一句话，也可能会让人生步入新阶段。

美国的五星上将马歇尔年轻的时候，在一次酒会上认识了漂亮的女士。酒会结束以后，马歇尔请求这位女士让他送她回家。因为自己的家就在附近不远的地方，所以女士欣然接受了这个邀请。可是马歇尔开车在城里绕了一个多小时，才将女士送到了家门口。

临别之前，女士向马歇尔问道："你对这个地方是不是不熟，没有来多久吧？因为我觉得你好像不太认识路。"

"话不能这么说，如果我真的对这个地方不熟悉的话，怎么会开车绕了一个多小时而一次也没有经过你家门口呢？"马歇尔微笑地回答道。

后来，这位女士嫁给了马歇尔，成为了他的妻子。

本来马歇尔开车绕来绕去就是为了和这位漂亮的女士多相处一会儿，而这位女士则认为马歇尔对路况不熟悉，所以才会绕来绕去而找不到家。面对这个问题，马歇尔机智的回答赢得了漂亮女士的倾心，所以也对他产生了爱慕之心，最后走到了一起。

这些小故事都在向我们讲述一个道理：一个好的表达方式，就是人际关系的润滑剂。以前说三百六十行，行行出状元，现在我们讲，三百六十行，行行都需要有口才。一个会说话的人和一个不会说话的人，遭受的人生境遇会大不一样。现在，那些老实巴交、不会表达自己的人，总会遇到很多尴尬或困境。有的人虽然有很渊博的知识和很丰富的阅历，但是因为不会表达，这些只能被埋藏起来，无法受到别人的关注，所以在工作中也只是碌碌无为。还有的人因为说话紧张，语无伦次，爱打结巴，也失去了很多工作上的晋升机会。

所以，不管是大事还是小事，拥有了会说话的能力，在关键时刻能起到一个决定性的作用。曾经有一位哲人说过这样的话："在交际场合，如果你是傻瓜，那么一言不发就是聪明的。而如果你是聪明的，一言不发就是愚蠢的。"这表明的就是一种说话艺术。

我们说话的方式和技巧时时刻刻都在影响我们的生活，懂得说话的技巧，就能将生活调和得有滋有味，而不懂的人，只能忍受生活的无滋无味。

有一位理发师带了一位徒弟，这个徒弟分别给三个顾客剪了头发。但是第一位顾客嫌徒弟给自己留的头发太长了，于是这位理发师在旁边说："头发长点挺好的，这样显得你深藏不露，也很符合你的身份。"第二位则吵吵着徒弟留给自己的头发太短了，这时，理发师又在旁边说："头发短一点显得精神一点，这很合乎你的气质。”最后，第三位顾客又抱怨说，徒弟给自己理发花费的时间太长了，而理发师又在旁边说道：“为您理发，多花点时间是应该的，也是值得的。”

结果，这三位顾客心里的不愉快都消失得无影无踪，离开店里的时候，都是面带微笑，心情舒畅。而理发店里的生意也是越来越好，这和理发师高超的说话技术是分不开的。

不管是什么行业，也不管是什么身份，会说话能不断地给自己的生活加分。

表达秘籍

1. 对待不同的事物，每个人都有自己的观点。我们总是习惯根据自己的标准去判断对方观点的对错。但实际上，这些观点只是不同的人对不同的事物的一种看法。所以，我们没必要着急去给对方的观点或者对方这个人下一个固定结论，这样会影响接下来的沟通和交流。

2. 三人行必有我师。我们可以尽量抱着一种学习的态度去与对方交流，这是表示尊重的一种基本方法。想要别人尊重自己，首先我们得学着去尊重别人。

3. 我们的语言系统极其丰富也极其复杂，有时候换一种方式去表达，把那些让人难以接受的语言，换成那些易于被人接受的语言，会让沟通变得更加顺畅。